Hermann Schulz
Flucht durch den Winter

SERIE PIPER

Zu diesem Buch

Spätherbst 1943 in Deutschland: Ännchens Vater hat in seiner Buchhandlung Judensterne auf die Bücher jüdischer Autoren geklebt, woraufhin ihn die SS abholt. Eines Tages ist auch die Mutter verschwunden. Zu Bauern nach Bredenbock in der Lüneburger Heide gebracht, lernt das vierzehnjährige Mädchen dort den jungen russischen Zwangsarbeiter Sergej kennen. Als sie erfährt, dass die SS die Zwangsarbeiter des Dorfes abholen wird, beschließt sie, mit Sergej zu fliehen. Für die beiden beginnt eine schwere Zeit. Es ist bitterkalt, und der geschmolzene Schnee, den sie trinken, vermag ihren Durst kaum zu stillen. Ännchen versucht mit dem wenigen Geld, das sie mitgenommen hat, Essen aufzutreiben und ihr Überleben zu sichern. Nach zweiundsechzig Tagen Flucht werden die beiden verwahrlost und entkräftet von den Engländern aufgegriffen. Es ist der 12. April 1945. Hermann Schulz beschreibt in diesem Roman ein Stück deutscher Geschichte und erzählt von Mut, Toleranz und Zivilcourage: Ein junges Mädchen besiegt seine Ängste und steht in der schwierigen Zeit des Zweiten Weltkriegs einem russischen Zwangsarbeiter bei.

Hermann Schulz, geboren 1938 in Nkalinzi in Tansania als Sohn eines deutschen Missionars. Er lebt seit 1960 in Wuppertal und leitete von 1967 bis 2001 den Peter Hammer Verlag. Reisen führten ihn in mehr als sechzig Länder, vor allem nach Afrika und Lateinamerika. Er veröffentlichte neben Kinderbüchern die Romane »Auf dem Strom«, »Iskender«, ausgezeichnet mit dem Kunst- und Kulturpreis für internationale Verständigung, »Sonnennebel«, »Flucht durch den Winter« und »Zurück nach Kilimatinde«.

Hermann Schulz

Flucht durch den Winter

Roman

Piper München Zürich

Von Hermann Schulz liegen in der Serie Piper vor:
Auf dem Strom (3005)
Iskender (3134)
Sonnennebel (3685)
Flucht durch den Winter (3959)

Für Gretchen, Minchen und Adolf

Ungekürzte Taschenbuchausgabe
Piper Verlag GmbH, München
Dezember 2004

Umschlag / Bildredaktion: Büro Hamburg
Isabel Bünermann, Heike Dehning,
Charlotte Wippermann, Katharina Oesten
Foto Umschlagvorderseite: Olympia / nonstock / Premium
Foto Umschlagrückseite: Ingeborg Kaestner
Satz: Dörlemann, Lemförde
Druck und Bindung: Clausen & Bosse, Leck
Printed in Germany ISBN 3-492-23959-5

www.piper.de

»Die … Skepsis, die bei allen seinen Anläufen zur Tat dabei gewesen war wie eine heimliche Reserve der Seele, fiel von ihm ab. Er gehörte nicht mehr nur sich. Es gab da eine Forderung, die weit gebieterischer und erhabener war.«

Joseph Conrad, Sieg

*Von Februar bis April 1945 suchten deutsche Polizeibehörden und die Geheime Staatspolizei (Gestapo) in Niedersachsen ein deutsches Mädchen wegen Mordverdacht, Totschlag und Raub. Die Fünfzehnjährige sei bewaffnet und in Begleitung eines ebenfalls bewaffneten russischen Fremdarbeiters**. *Bei Kontakt zu den Gesuchten sei höchste Vorsicht geboten.*

Der britische Frontbericht vom 12. April 1945 behandelte die Frage, ob die Stadt Lüneburg von deutschen Truppen verteidigt würde oder sich zur Offenen Stadt erklärte. General Montgomery traf alle Vorbereitungen, Lüneburg zu nehmen – friedlich oder mit Gewalt.

Der Bericht enthielt eine Meldung, die mit dem militärischen Geschehen wenig zu tun hatte: Auf dem Vormarsch von Bergen-Belsen nach Lüneburg hatten britische Truppen ein Mädchen und einen Jungen aufgegriffen; beide verwahrlost und entkräftet. Man habe eine Wehrmachtspistole und ein Messer konfisziert. Obwohl, wie bekannt, beide von der deutschen Polizei seit zwei Monaten wegen schwerer krimineller Delikte gesucht wurden, waren sie nicht an die deutschen Behörden

* Die zunächst angeworbenen, später gewaltsam aus den von der Wehrmacht besetzten Gebieten nach Deutschland gebrachten Zwangsarbeiter wurden offiziell beschönigend »Fremdarbeiter« genannt.

in den besetzten Gebieten ausgeliefert worden. Die Verantwortung übernahm der aus Deutschland stammende britische Truppenarzt, Major Dr. John Blackwood.

1. Der Briefträger drückte zum zweiten Mal auf die Klingel und horchte auf den schwachen Ton im Innern des Hauses Schrangenstraße 14. Am Türrahmen blätterte blaue Farbe ab, die Scheiben waren mit einer grauen Gardine behängt. Er versuchte etwas dahinter zu erkennen, vielleicht eine Bewegung. Er pochte gegen das Holz der Tür. Es blieb still.

Solche Briefe schob man nicht einfach unter der Türe durch und ging davon. Er hätte es am liebsten getan, denn der Augenblick der Übergabe war immer schmerzlich. Er kannte den Inhalt aus eigener Erfahrung, den entsetzten Blick des Empfängers, wenn er auf den grünen Umschlag in der Hand starrte. So gut er es vermochte, sagte er in solchen Augenblicken ein paar mitfühlende Worte. Wer sonst sollte das tun? Er ließ sich in seiner Auffassung von Schuldigkeit im Beruf nicht beirren, zuckte gleichgültig die Schultern, wenn ihn Kollegen und Vorgesetzte belächelten.

Er trat einen Schritt zurück und suchte noch einmal die oberen Fenster des alten Fachwerkhauses ab, sah sich ratlos um. Ein Mädchen, es mochte dreizehn oder vierzehn Jahre alt sein, beschäftigte sich auf dem Bürgersteig mit Seilspringen, ganz versunken und konzentriert zugleich. Ihre kurzen Zöpfe flogen ihr um den Kopf. Eine abgeschabte lederne

Schultasche lehnte an der Wand zwischen Unkraut und blühenden rosa Stockrosen. Es war Herbst.

»Du wohnst doch hier. Sind deine Eltern nicht da?«

Sie ließ das Seil sinken, sah unwillig wegen der Unterbrechung zu ihm hin und schüttelte den Kopf.

»Ihr habt keinen Briefkasten. Gib deinen Eltern den Brief, ja?« Er zögerte noch, denn er war nicht zufrieden mit der Lösung, die sich mit dem Kind anbot. Aber er dachte auch an die lange Strecke, die er heute noch zu bewältigen hatte.

Sie kam näher und nahm den Brief entgegen. Sie sah dem Mann hinterher, griff nach ihrem Tornister und ging hinter das Haus. Auf dem Weg in den Garten schleifte das Seil am Boden. An der Gartenbank neben dem alten Schuppen betrachtete sie in Ruhe den Brief. Er war an ihre Eltern gerichtet, Eheleute Roland und Else Schwalbe.

Keine Briefmarken, nur ein Poststempel auf dem schmutzig grünen Umschlag. Absender war eine Wehrmachtsstelle. Feldpost, dachte sie. Sicher ein Brief ihres Bruders von der Front. Papa war in seiner Buchhandlung und Mama mit Frau Koopmann zum Markt gegangen, wie immer am Mittwoch. Sie nahm von der Fensterbank des Schuppens ein rostiges Küchenmesser. Sie zögerte noch, öffnete aber doch den Umschlag. Christian hatte lange nicht geschrieben. Seine Briefe enthielten meistens einen Zettel mit ein paar Zeilen für sie. *Mein liebes Ännchen,* schrieb er immer. Sie lächelte bei dem Gedanken und fühlte sich berechtigt, den Umschlag zu öffnen und den Brief zu lesen.

Ihr Sohn, Gfr. Christian Schwalbe aus Lüneburg, geboren am 8. Januar 1924 in Königsberg, wird seit den Kämpfen bei Kiew als vermisst gemeldet. Einzelheiten werden geprüft, man wird sich ggf. melden, wenn die genauen Umstände …

Heil Hitler. Stempel, unleserliche Unterschrift.

Sie atmete heftig und fühlte sich plötzlich sehr allein auf dem verwahrlosten Gartenweg. Und doch zogen ganz klar und kühl Gedanken durch ihren Kopf. Sie dachte, dass es jetzt angemessen wäre zu weinen, weil es um ihren Bruder ging. Ihr Herz klopfte heftig. Vielleicht würde sie heute Nacht weinen können. Immerhin war er vielleicht nicht tot, war irgendwo verirrt oder in Gefangenschaft geraten. Dann wäre er in Sicherheit. Aber man wusste es nicht. Vermisst, diese Nachricht war fast noch schlimmer als tot, sagten die Leute. Weil man sich immer Hoffnungen machte und trotzdem ohne Ende grämte. War jemals ein Vermisster wieder aufgetaucht?

Ein plötzlicher Gedanke fiel Ännchen an wie ein bösartiger Hund. Sie musste ihren Eltern den Brief geben. Es fröstelte sie, wenn sie den Augenblick vor sich sah. Mama würde ins Schlafzimmer gehen und die Türe hinter sich schließen, um zu weinen. Papa würde in ein tagelanges Schweigen versinken.

Ich könnte den Umschlag einfach in einem unbewachten Augenblick auf den Küchenschrank legen, dachte sie. Aber sie verwarf diese Möglichkeit. Sie fühlte sich, als sei sie in eine Falle geraten. Als trüge sie auf eine geheime, aber unentrinnbare Weise Schuld an der Nachricht.

Sie faltete das Schreiben, steckte es in den Umschlag zurück und schob ihn in ihre Schultasche. Das bedrückende Gefühl ließ nicht nach. Sie versuchte noch ein paar Sprünge mit dem Seil auf dem Gartenweg, aber sie verhaspelte sich und fand den Rhythmus nicht mehr.

Zwischendurch schien es, als habe sie den Brief vergessen. Es kam vor, dass sie nachts aufwachte und nicht weiterschlafen konnte. Sie nahm sich vor, ihn am nächsten Tag ihrer Mutter zu geben, wenn Papa noch in der Buchhandlung war. Aber sie verschob es wieder, wartete auf eine Gelegenheit.

Eine Woche später fuhr Ännchen mit ihrer Klasse zu einem Volkskundemuseum. Bei ihrer Rückkehr rief sie im Flur: »Ich bin wieder da!«, und trat in die Küche. Papa stand am Fenster, Mama saß gebeugt am Tisch. Sie wusste sofort, sie hatten den Brief gefunden! Sie blieb bewegungslos und mit rotem Kopf in der Türe stehen. Der grüne Umschlag lag auf dem Tisch. Die Eltern sagten wenig und fragten Ännchen nichts. Nicht einmal ein Vorwurf. So als ginge sie Christians Schicksal nichts an. Das machte es noch schlimmer.

Das tägliche Leben war seitdem verändert. Der Vater schien seine launigen Redensarten vergessen zu haben, Scherze machte er schon gar nicht mehr. Mama aß wenig und wurde richtig mager. Sie ging noch häufiger in die Kirche und in ihre christlichen Versammlungen.

Vermisst, das war keine Hoffnung, sondern die immer gegenwärtige Bedrohung.

»Vielleicht ist er in Gefangenschaft bei den Russen«, sagte Papa einmal während des Mittagessens. Es kam so zweifelnd und mutlos über seine Lippen, dass niemand etwas dazu sagte. Mama bemerkte schließlich, während sie das Geschirr abräumte:

»Man kann sich ja denken, wie man die Deutschen bei den Russen behandelt. Die Russen hätten ja nun wirklich allen Grund …« Mehr sagte sie nicht. Auch Ännchen wusste, was gemeint war.

Christian war für beide Eltern immer etwas Besonderes gewesen. Das hatte Ännchen bisher einfach hingenommen, er war schließlich älter als sie. Jetzt bekam sie es auf eine ganz neue Weise zu spüren. Sie fühlte sich ausgeschlossen, unternahm aber mutige Versuche, über ihren Bruder und sein Schicksal zu sprechen, wenn sie gemeinsam am Tisch saßen.

»Christian kommt schon noch wieder«, sagte sie, »er ist ja nicht jemand, der so einfach in eine Gefahr hineinrennt, oder?«

»Was nützt das, wenn eine Kugel ihn erwischt hat?« Papa sah nicht auf, als er das sagte.

»Dann hätte man ihn gefunden, oder?« Sie sah zu ihren Eltern. Die Mutter ging an den Herd, um Kartoffeln aufzufüllen, Papa schielte auf die Schlagzeilen der Tageszeitung, die neben ihm lag.

»Wenn man es bei sich selbst fühlen könnte ...« Ännchens Stimme suchte weiter nach Worten. »Wenn man spüren könnte, ob jemand noch am Leben ist, den man liebt. Ich glaube jedenfalls nicht, dass er tot ist.«

»Ist ja gut«, sagte Mama. Papa murmelte etwas Unverständliches und machte eine abweisende Handbewegungen. Hatte Ännchen Unsinn geredet? Waren ihnen ihre Überlegungen lästig? Ihr Gesicht überzog sich mit einer leichten zornigen Röte und sie unterdrückte die aufsteigenden Tränen. Sollte sie aufstehen und die beiden anschreien? Wenn sie ihre Wut zeigte, würden sie erst recht nicht antworten. Sie gab noch nicht auf.

»Bei Koopmanns ist der Spiegel in der Küche zersprungen, als ihr Sohn Karl-Heinz in Russland gefallen ist«, sagte sie. »Ein Kamerad hat es ihnen später geschrieben. Es passierte genau in dem Augenblick, als er umgekommen ist. Das hat mir Ilse erzählt.«

»Red nicht solchen abergläubischen Unsinn«, sagte Mama.

»Wenn bei jedem Gefallenen ein Spiegel in Trümmer ginge, gäbe es in Deutschland schon jetzt keine Spiegel mehr.« Papas Stimme war bitter. Ännchen schluckte und versuchte, ihre aufsteigende Wut zu unterdrücken. Es gelang ihr nicht.

»Wenn Christian dir wirklich so wichtig ist, würdest du jetzt keine Witze machen!« Ännchen hatte versucht es ruhig zu sagen, aber ihre Stimme hatte gezittert. So frech hatte sie noch nie mit Papa gesprochen. Was würde er jetzt tun? Ihr eine Ohrfeige geben? Was hatte sie eigentlich von ihm hören wollen?

Papa tat, als hätte er nichts gehört. Er legte sein Besteck auf den Tisch, strich Mama über die Schulter, zog seine Jacke an und ging. Ännchen stand auf, ging in ihr Zimmer und vergrub ihren Kopf unter einem Kissen.

2. Was Ännchen bis dahin an ihren Eltern gestört hatte, empfand sie nun noch stärker. Sie sind nicht normal, dachte sie oft.

In der Schule versuchte sie herauszufinden, wie es ihren Freundinnen mit ihren Eltern erging. Mit Jungen konnte man darüber nicht sprechen, die verstanden nicht, was gemeint war. Mädchen verstanden es genau, da war sie ganz sicher, aber sie waren vorsichtig, wer weiß warum. Jedenfalls brachte sie keine Freundinnen mehr mit nach Hause, weil Mama sicher wieder fromm redete. Oder Papa war da und machte seine bösen Bemerkungen, schimpfte auf den Krieg und dass »die Verbrecher« seinen einzigen Sohn auf dem Gewissen hätten.

Wenn Papa seinen vermissten Sohn erwähnt hatte, stand er manchmal einfach vom Tisch auf und ging. Ännchen schien für ihn beinahe nicht mehr zu existieren. Das empörte sie, aber was sollte sie dagegen tun?

Es ist ja nicht meine Schuld, dass er nur einen Sohn hat, dachte sie trotzig. Soll er doch sehen, wie er damit zurechtkommt! Glücklich machte sie der Gedanke nicht, aber wenn sie zornig auf ihn war, fühlte sie sich erleichtert.

Die Mutter saß abends immer häufiger bei ihr auf dem Bettrand, hielt ihre Hände fest und forderte sie zu einem gemeinsamen Gebet auf. Ännchen konnte nicht entkommen. Mama drängte sie auch, mit ihr in die Kirche zu gehen. Das Mädchen gab sich Mühe, so fromm zu fühlen, wie Mama es wollte. Es gelang ihr nicht. Ihre Mutter merkte natürlich ihre Verweigerung bei den frommen Übungen und zeigte ihre Enttäuschung mit bitteren Bemerkungen. Oder sie stand wortlos auf und schloss heftig die Türe hinter sich.

Dass Papa so selten mit ihr sprach, war schlimmer als irgendwie etwas beten. Wenn ich fromm wäre, überlegte sie, und es kommt in der Schule heraus, würde alles noch peinlicher werden. Direktor Langenbruch hatte vor der versammelten Schule in der Montagsandacht davon gesprochen, dass Ännchens Bruder vermisst sei.

»Aber er ist in Gottes Hand«, hatte er gesagt und einen Augenblick lang geschwiegen, als sei es eine Gedenkminute. Er hatte sie auf dem Weg in die Klasse mitfühlend angesehen.

Sie hatte gehofft nicht rot zu werden. Vielleicht hatte der Direktor das mit Gott nur gesagt, um zu sehen, wie sie reagieren würde? Er trug ein Parteiabzeichen an seinem vornehmen dunklen Anzug – und Nazis mochten Fromme nicht. Warum also redete er so fromm daher? Direktor Langenbruch wusste ziemlich sicher, dass sie nicht zum BDM ging. Schweigen war also besser. Wenn Lehrer so etwas wie das mit »Gottes Hand« sagen, weiß auch die beste Schülerin nichts zu antworten, dachte sie.

Wenn Ännchen alleine war und an Christian dachte, weinte sie manchmal. Wenn er da wäre, würde alles wieder sein können wie früher. Er hatte sie immer in Schutz genommen. Vor Mamas Frömmigkeit, wenn sie aufdringlich wurde, vor Papas ironischen Bemerkungen. Christian schnitt ihnen mit einer Handbewegung das Wort ab und legte einfach seinen Arm um ihre Schultern. Manchmal ging er mit ihr in den Park an der Ilmenau. Oder er nahm sie mit nach Deutsch Evern, wo er mit der Spielschar des Jungvolks oft die Wochenenden verbrachte. Sie lagen auf Kissen und Teppichen herum, machten Musik, spielten Theater und lasen Gedichte. Nie redeten sie über Politik. Christians Teilnahme an solchen Wochenenden hätte Ännchen verwundern müssen, weil Jungvolk mit Nazis zu tun hatte und er sicher kein Nazi war. Er leitete trotzdem die Gruppe. Sie war gar nicht auf den Gedanken gekommen, ihn danach zu fragen.

Dass ihr Bruder sie liebte, war für sie völlig sicher. Bei Papa und Mama hatte sie manchmal Zweifel. Sie beschloss ein paar Mal für sich, sie einfach nicht mehr zu lieben. Dann wäre alles irgendwie klarer. Eltern muss man nicht unbedingt lieben, sagte sie sich. Aber es war ihr nicht richtig gelungen.

Christian hatte, als er im Urlaub zu Hause war, Papa ermahnt, mit seinen Reden über den Krieg und die Nazis vorsichtiger zu sein. Er würde, ohne dass es irgendjemandem nützte, Kopf und Kragen riskieren. Ännchen hatte alles mitbekommen und sich gewundert. Weil ein Sohn von neunzehn Jahren seinen alten Vater ermahnte. Aber Papa hörte zu, nahm es offensichtlich ernst. Wenn die beiden so redeten wie Erwachsene, beneidete Ännchen sie und wünschte, sie könnte das auch. Mit Mama wenigstens.

Ännchen dachte manchmal, Papa sei Sozialist oder sonst etwas Verbotenes, aber sie war sich nicht sicher. Sie wusste wenig von den Sozialisten, außer dass die Nazis gegen sie waren und Papa nicht auf sie schimpfte. Fromm war er auf keinen Fall! Nicht dass Mama und Papa sich deswegen stritten, aber trotzdem ... Sie waren eine komische Familie.

Aber ich kann da nicht einfach raus, dachte sie.

Eine Woche war vergangen, seit ihre Eltern den Brief gefunden hatten. Die Gespräche beim Mittagstisch oder abends waren fast wieder wie früher. Ännchen fühlte sich erleichtert.

Nach der Schule beschloss sie bei Papa in der Buchhandlung vorbeizugehen. Das hatte sie immer gerne gemacht. Es roch geheimnisvoll in seinem dunklen Hinterzimmer. Papa war immer da, er hatte seit dem Kriegsanfang keine Angestellten mehr. Selten traf sie Kunden im Laden. Dann wartete sie, guckte sich die Fotos von Papas Lieblingsschriftstellern an, die gerahmt an der Wand seines Büros hingen, und horchte auf die Gespräche aus dem Laden. Manchmal sprach Papa sehr leise, holte irgendwo unter der Theke oder aus seinen Fächern ein Buch hervor und verpackte es. Geheimverhandlungen, dachte Ännchen. Sie sah sich in seinem kleinen voll gestopften Büro um, saß an seinem Schreibtisch und entzifferte Worte auf den vergilbten Blättern, die unter Bergen von Papier aus dem Regal hervorquollen. Es roch wie nirgendwo sonst. Alles lag voller Bücher, Kartons zum Verpacken, Hefte und Rechnungen.

Aus dem Fenster sah man auf einen verwahrlosten Hinterhof mit Mülleimern, einem zerfledderten Fliederstrauch und kratzenden Hühnern.

Papa war meist brummig gestimmt, sie war trotzdem gern bei ihm in der stickigen Buchhandlung. Wie er da zwischen Regalen und Vitrinen herumhumpelte, dachte sie manchmal an Rumpelstilzchen. Mit ihr sprach er nie in der Kindersprache wie die meisten Erwachsenen, sie musste manchmal höllisch aufpassen alles zu verstehen.

Sie öffnete die Türe, über ihrem Kopf schepperte eine Klingel. Sie sah, dass Papa an seinem Schreibtisch saß und ihr lächelnd entgegensah.

»Guten Morgen, schöne Frau! Was führt Sie zu mir? Wie ist die Feindlage in Lüneburg und im Großdeutschen Reich mit den heldenhaft eroberten Gebieten?« Sie war erleichtert, lange hatte er sie nicht mehr auf solche Art begrüßt. Mit einem Blick sah sie, dass keine Kunden im Laden waren.

»Es ist schon Mittag, Herr General Bücherkopf! Ich bin vom Feindflug zurück.« Sie segelte mit seitlich ausgestreckten Armen um die Vitrinen herum und landete vor seinem Schreibtisch. Sie nahm militärische Haltung an und schlug die Hacken zusammen.

»Melde gehorsamst: Auftrag ausgeführt! Alle Lehrer der Wilhelm-Raabe-Schule erfolgreich niedergemacht.«

Die beiden Besucherstühle lagen voller Aktenordner. Sie setzte sich auf einen Stapel Bücher, um zu sehen, was er gerade machte. Es roch nach Pfeifentabak.

Papa hatte gute Laune und sah sie verschmitzt an. Er hatte eine Schere in der Hand, vor sich einen großen Bogen gelbes Papier. Sie konnte nicht erkennen, was er damit vorhatte, vermutlich eine Schaufensterdekoration. Er bastelte immer Sachen für das Schaufenster, manchmal schrieb er sogar Gedichte auf eine Pappe, ganz groß. Die Leute blieben stehen und lasen sie. Ob das auch Käufer anlockte, wusste sie nicht. Es interessierte sie auch nicht besonders. Sie lebten nicht nur von den Einnahmen der Buchhandlung.

Ihre Tante aus Ostpreußen hatte ihnen Geld geschickt. Alles, was sie hatte. Vielleicht ist es viel Geld, vielleicht sind wir plötzlich reich, dachte Ännchen. Seitdem kochte Mama häufiger mit Fleisch, wenn es zu kriegen war.

»Ich baue an einer Geheimwaffe«, sagte Papa flüsternd und zeigte mit einem Finger lächelnd auf Ännchen, »ich drehe ihnen eine Nase.« Sein Blick war verschwörerisch und geheimnisvoll, wie eine Einladung, seine Komplizin in einer gefährlichen Angelegenheit zu werden.

Er machte sich keine Mühe zu erklären, was er meinte.

»Was heißt das, eine Nase drehen?«

Er hob Kinn und Schultern, verzog sein Gesicht, dass es ganz herrisch aussah wie bei den Generälen, die immer in der Zeitung zu sehen waren, und sagte:

»Ich schlage sie mit meinen Waffen, den Waffen des Geistes! Daran werden sie zu schlucken haben, glaub mir das!« Und er schlug fröhlich ein paar Mal mit der flachen Hand auf den Tisch, auf den gelben Papierbogen, so dass ein paar Fetzen auf den Fußboden flogen. Da lag sowieso immer Papier herum, denn Papa war nicht besonders ordentlich. Ännchen dachte, dass er vielleicht getrunken hatte. Sonst wäre er nicht so ausgelassen. Ihr war das egal, wenn er nur wieder seine Witze machte wie früher, auch wenn sein Blick heute noch nicht besonders fröhlich war. Sie gab ihm zum Abschied einen Kuss auf den grauen Kopf. Auch sein Kopf roch nach Tabak. Sie mochte das gern.

Zufrieden nahm sie ihre Schultasche und hüpfte auf einem Bein die dreihundert Meter bis zu ihrem Haus, wo Mama mit dem Essen auf sie wartete. Vielleicht gelang es ihr, Mama aufzuheitern, wenn sie ihr eine gute Deutscharbeit zeigte. Und im Religionsunterricht hatte Direktor Langenbruch sie gelobt. Das würde Mama freuen. Vielleicht würde ja alles wieder normal werden.

3.

Zwei Wochen nach diesem Besuch in der Buchhandlung, als Ännchen nach der Schule bei Papa vorbeisehen wollte, waren die Schaufenster mit Zeitungen verklebt und die Türe verriegelt. Auch das Schild »Buchhandlung Roland Schwalbe« war verklebt. Kein Hinweis, keine Meldung. »Trauerfall!« Oder: »Wegen Renovierung geschlossen!« zum Beispiel. Sie wunderte sich, versuchte durch die Ritzen zu sehen. Sie konnte nichts erkennen. Was hatte das zu bedeuten? Sie klopfte einmal an die Scheibe, vergeblich. Auch das Fenster zum Hinterhof war verklebt. Sie stand ratlos zwischen den gackernden Hühnern und bemühte sich nicht in den Hühnerdreck zu treten. Dann ging sie nach Hause.

Mama saß vor dem Herd in der Hocke, hielt sich mit einer Hand an der Herdstange fest, die andere hatte sie vor die Augen gelegt. Sie weinte.

Ännchen blieb beklommen an der Türe stehen. Lange stand sie da und wartete, aber Mama sagte nichts.

»Wo ist Papa?«

Mama sah zu Ännchen auf, ihr Gesicht war nass von Tränen und gerötet, als habe sie schon lange geweint. Es sah nicht schön aus.

»Sie haben ihn abgeholt«, sagte sie und putzte ihre Nase mit der Schürze.

»Warum?«

Mama stand auf, wusch sich an der Waschschüssel das Gesicht, ging an den Tisch, rückte einen Teller gerade, schob eine Gabel beiseite. Sie ließ sich auf einen Stuhl fallen. Ännchen sah, dass für drei Personen gedeckt war. Mama stand noch einmal auf und räumte ein Gedeck in den Schrank zurück. Ännchen hatte sie noch nie so fassungslos gesehen. Sie stellte sich neben sie und legte eine Hand auf ihre Schulter. Sie spürte die Knochen ihrer Mutter, denn Mama war mager und knochig geworden. Das passte eigentlich zu ihr. So wie manche Leute immer dick waren, weil es zu ihnen passte. Ännchen schämte sich, dass sie so etwas ausgerechnet jetzt dachte. Mama reagierte nicht und ging an den Herd zurück, um eine Schüssel zu füllen.

»Du verstehst es noch nicht, Kind«, sagte sie, »setz dich. Wir essen jetzt, das Leben geht weiter. Wir können nur hoffen!«

»Warum haben sie ihn abgeholt?«

Mama schwieg und schüttelte den Kopf. Sie hörten an der Haustüre, wie jemand die Zeitung hinter das Gitter schob, aber Mama ging nicht hin. Deshalb blieb auch Ännchen sitzen.

»Gott hat uns verlassen«, sagte Mama und stellte die Kartoffeln auf den Tisch. Ännchen setzte sich. Warum sagte sie ihr nicht, was passiert war? Sie würde warten müssen, wie so oft.

Sie saßen schweigend am Tisch und aßen. Die Kartoffeln schmeckten fade, die Soße auch. Ännchen war es egal, sie wollte wissen, warum sie ihn abgeholt hatten. Und wer es getan hatte. Wenn sie es wüsste, würde vielleicht das beklemmende Gefühl erträglicher werden. Vielleicht könnte sie weinen.

»Na, wer wohl! Diese Verbrecher natürlich!«

Ännchen wusste, wer gemeint war. Mama hatte die Nazis bisher nie Verbrecher genannt, Papa tat es bei jeder Gelegenheit. Trotzdem war es Mama gewesen, die verhindert hatte, dass Ännchen in den BDM musste.

»Meine Tochter nicht!«, hatte Mama die Parteifrau an der Türe abgefertigt, »das kommt gar nicht in Frage. Es reicht ja wohl, wenn unser Christian in den Krieg gegangen ist. Meine Tochter kriegen sie nicht.«

Ännchen überlegte, ob die Lehrer oder Nachbarn wüssten, warum sie Papa abgeholt hatten. Aber keiner gab etwas zu erkennen. Niemand fragte sie, warum die Buchhandlung geschlossen war. Sie argwöhnte, dass keiner etwas Genaues wissen wollte. Wenn es um politische Sachen ging, waren alle Erwachsenen verschlossen. So vergingen einige Tage, ohne dass Ännchen etwas über das Schicksal ihres Vaters erfuhr.

Mama war in die Bibelstunde gegangen. Ännchen saß allein in ihrem Zimmer. Sie kritzelte auf der Rückseite einer Pappe und summte vor sich hin. *Christian,* schrieb sie, *Papa und Mama. Krieg und kein Krieg. Was kann ich machen?*

Sie betrachtete nachdenklich, was sie geschrieben hatte.

Sie stand auf und zog unter ihrem Bett einen Karton hervor, wo sie alle Sachen verwahrte, die sie nicht wegwerfen wollte. Sie kramte und fand unter Puppenköpfen, Kästchen, Wollknäuel und Zinnsoldaten das leere Heft. Es war etwas dicker als normale Hefte. Sie überlegte, wie sie es nennen sollte. Unzufrieden schrieb sie auf das Namensschild »Ännchen Schwalbe«, etwas anderes fiel ihr nicht ein. Sie schlug es auf und schrieb auf das erste rechte Blatt:

Tagebuch von Ännchen Schwalbe.

Christian kommt ganz bestimmt zurück! Papa kommt ganz bestimmt zurück!

Sie las es und wurde noch trauriger. Sie unterstrich beide Zeilen mit einem Rotstift. Sie schrieb unsicher weiter:

Nichts ist besonders gut im Augenblick. Besser, das ganze Leben würde noch einmal von vorne beginnen, ohne Krieg etc., und Papa und Mama wären etwas anders. Christian wäre immer da. Ich wäre klüger und sie würden mich automatisch anders behandeln.

Seit diesem Tag trug sie ihr Tagebuch immer bei sich, wenn es möglich war.

Ännchen hielt sich, wenn sie freie Zeit hatte, häufig an der Wand ihres Hauses zur Seitenstraße hin auf, wo selten Leute gingen und wilde Blumen und Gräser wuchsen. Sie hockte sich hin, um sie von nahem zu betrachten, ließ ihre Hand darüber gleiten, überlegte und murmelte vor sich hin.

»Ihr habt es gut. Wenn es nicht bald regnet, kriegt ihr Wasser von mir. Was wird im Winter aus euch? Wie soll ich mich besser fühlen, ich weiß ja nicht, was ich tun könnte. Als wenn ich keine Angst um Christian hätte. Und um Papa. Ich könnte sie da raushauen, wo sie sind, mit Gewalt vielleicht … Wenn ich nur eine Idee hätte. Oder wenn ich mächtig wäre. Mama tut so, als ginge es mich nichts an. Am besten, ich warte noch ab, bevor …« Sie sprach leise, mit Pausen und Schniefen. Sie hockte da, häufelte Erde an die Wurzeln, riss Unkraut aus, roch an einer Blüte, fühlte sich nicht mehr so einsam und auf eine schwermütige Art glücklich.

Als Ännchen eines Abends von einem Sportfest nach Hause kam, saß Mama komisch schräg im Sessel, mit ausgestreckten Beinen, und trank aus einer Flasche. Irgendetwas war vorgefallen. So hatte Ännchen sie noch nie gesehen. Es sah wie im Kino aus, wenn eine Frau Alkohol trank. Sie lachte komisch, wenn sie etwas sagte. Es gefiel Ännchen nicht besonders, obwohl Mama ganz ernst auf sie einredete, wie sie es sonst nur tat, wenn es um Gott ging.

»Setz dich, Kind … Hör mal zu. Es geht um Papa. Er kommt so schnell nicht … Jetzt hör mal zu. Mein liebster Roland …« Sie unterstrich, was sie sagte, mit fahrigen Handbewegungen. »Ausgerechnet er, mein Liebstes auf der Welt … Jetzt steckt er drin, wer weiß … Setz dich, Kleine.«

Ännchen setzte sich in den Sessel gegenüber und betrachtete angespannt ihre Mutter. Auf ihrer Strickjacke lag Asche von einer Zigarette. Der Knoten ihrer Haare hatte sich halb gelöst. Es sah unordentlich aus.

Sie hatte schon oft überlegt, ob Papa und Mama sich liebten. Manchmal dachte sie, es wäre schön, es einmal ausdrücklich von ihnen zu hören. Besonders, wenn sie Streit hatten. Es ging ihren Freundinnen genauso.

»Hast du was von ihm gehört? Nun sprich schon weiter, Mama«, sagte Ännchen vorsichtig.

»Hör mal zu, meine Kleine. Auch wenn du nicht alles verstehst ... Seine eigene Dummheit. Das hat ihn in diese ... diese Probleme gebracht.«

»Was ist denn passiert?«, drängte Ännchen. Ihre Mutter schwieg und starrte sie an, fuhr sich mit einer Hand über das Gesicht und suchte unsicher nach einer Zigarette.

»Dein Papa ... was für ein Unsinn ... Da hat er viele kleine Judensterne ausgeschnitten und sie auf alle Bücher geklebt ... Ich kann mir schon denken ... der Dickschädel. Als wenn ich ihn nicht gewarnt hätte! Ich hab gesagt, Roland, lass das, es hat keinen Zweck ... Richtig gestritten haben wir deswegen, kannst du dir das vorstellen? Richtig gestritten.« Sie beugte sich nach vorn. »Man muss endlich etwas tun, hat er gesagt, man muss sich ... entscheiden! Aber doch nicht so, habe ich gesagt. Aber er hört ja nicht ...«

»Auf welche Bücher hat er die gelben Dinger geklebt?«, fragte Ännchen. Sie versuchte den Zusammenhang zu verstehen und hoffte, Mama würde weitersprechen. Aber sie griff wieder zur Flasche. Ännchen roch den Alkohol.

»Auf alle im Schaufenster. Jüdische Schriftsteller, ihre Bücher. Die sollte er gar nicht mehr verkaufen. Hat er aber ... Dann hat er abgewartet. Mann, habe ich Angst gehabt, kaum noch einen Bissen gegessen vor Angst ...«

»Und? Was ist dann passiert?«

»Ich hab mich nicht mehr auf die Straße getraut.«

»Aber es muss doch etwas passiert sein, Mama!« Ännchen hatte Sorge, ihre Mutter würde den Faden verlieren.

»Was weiß ich denn ... Gelacht haben sie. Ein paar Leute ... den Kopf geschüttelt, aber es passierte nichts. Die gingen einfach weiter. Dann der Direktor Langenbruch, der von eurer Schule. Ist in den Laden gekommen ... Ob Papa wüsste, wie gefährlich das da sei.« Sie hob ihre Stimme. »Fordern Sie doch das Schicksal nicht heraus, lieber Herr Schwalbe ... es hat doch keinen Zweck! Denken Sie mal an Ihre Familie, Ihre Kinder! Und Roland, er wisse schon, was er tue.«

»Erzähl weiter, Mama!«

»Von wegen, er wisse, was er tue ... Na ja! ... Dann kamen sie plötzlich und haben ihn abgeholt. Er durfte mich noch einmal anrufen ... Aus der Buchhandlung. Er sagte ganz laut am Telefon, jetzt gehe ich endlich an die Front, darf auch das Vaterland verteidigen und ein Held werden ... Als er das sagte, haben ihn die Schweine geschlagen. Er hat nur gelacht darüber. Da haben sie ihn wieder geschlagen. Weil er gelacht hat. Ich habe es gehört, die Schläge und ihre Stimmen, auch wenn er nichts davon gesagt hat.«

Sie nahm noch einen Schluck, wischte sich die Nase, weinte ein bisschen, steckte sich noch eine Zigarette an.

»Hast du ihn nicht mehr sehen dürfen?«, fragte Ännchen. Sie sog jedes Wort in sich auf und wollte nichts verpassen.

»Ich habe ihn nicht mehr gesehen. Die kamen hierher.

Danach. Zwei von der Gestapo. Du warst in der Schule, oder? Sie fläzten sich in die Sessel, da, wo du jetzt sitzt, grinsten und guckten sich überall um. – Ihr heldenhafter Mann wird nun beweisen können, wie sehr er sein Vaterland liebt. Er will in eine Sondereinheit, weil er behindert ist. Er fand das wohl witzig. Kann er haben …! Ihr Mann ist wirklich ein Witzbold, Frau Schwalbe. Nun kann er seine Witze woanders erzählen …«

Else Schwalbe stierte an Ännchen vorbei, als habe sie ihre Tochter vergessen.

»Wo ist er jetzt, Mama?«, drängte Ännchen. »An der Front?«

»Wer weiß, wo er ist … Sie schrien plötzlich rum. Ein Judenstern! Auf jedes Buch! Um die Leute vor der zersetzenden Literatur zu warnen … dieser idiotische Buchhändler. Er kam sich wohl sehr geistreich vor, der Dreckskerl! Wir machen, was sich der Krüppel gewünscht hat, Frau Schwalbe. Wir erfüllen solche Wünsche gern. – Ich wollte ihn noch einmal sehen, da haben sie dreckig gelacht. Was ist denn an dem dran, dass Sie so Sehnsucht nach ihm haben, nach diesem Humpelfritzen. Da habe ich sie gehasst, diese gottlosen Verbrecher.« Sie schniefte in ihr Taschentuch, es schien, als hätte sie Ännchen erst jetzt wieder bemerkt.

»Kannst du mir glauben, ich hab sie angeschrien: Gott wird Sie strafen! Sie haben gelacht und gesagt: Auch noch fromm, wird ja immer besser! Er wird sich melden. Vielleicht würde er ja bald von der Front schreiben, einen Brief über seine Heldentaten, mit einem Judenstern darauf ...« Sie verdeckte ihr Gesicht mit den Händen und schluchzte.

»Was werden sie mit ihm machen? Können wir nichts tun? Kommt er an die Front? Hast du danach etwas von ihm gehört?«, fragte Ännchen.

»Ach, Kind! Wer kann das wissen. Er wird umkommen, in einem Lager oder ... Wie soll er da überleben ... Ich fahre nach Hamburg, bald ... Die sollen mich kennen lernen.«

Sie richtete sich plötzlich auf und schüttelte die knochige Faust, in ihrem Blick hinter dem Schleier der Trunkenheit sah Ännchen Trauer und Zorn.

»Ich rücke ihnen auf die Pelle, verlass dich drauf! Bald fahre ich nach Hamburg und mache ihnen die Hölle heiß.«

»Du kannst sofort fahren, Mama. Ich komme schon zurecht«, sagte Ännchen. Ihr Herz schlug heftig, sie empfand trotz allem Stärke und Mut, die von ihrer Mutter ausgingen.

Aber Frau Schwalbe schüttelte den Kopf und schickte ihre Tochter mit einer fahrigen Handbewegung ins Bett.

In ihr Tagebuch schrieb Ännchen an diesem Abend:

Vielleicht ist jetzt alles aus. Was soll werden? Was soll ich tun? Wenn ich wenigstens wüsste, wo er ist! Vielleicht hat Mama in Hamburg Glück. Vielleicht macht sie erst einen Plan und findet Verbündete, Langenbruch etc., und ich kann ihr dabei helfen.

Vier Tage später an einem Dienstag, gegen ein Uhr morgens, heulten die Sirenen. Else Schwalbe packte ein paar Sachen und sie liefen drei Häuser weiter zum Luftschutzbunker. Mama hielt das verschlafene Ännchen an der Hand und zog es hinter sich her. Einige ältere Leute hockten schon auf den Holzbänken, ihr Gepäck zwischen den Knien.

Ännchen kletterte nach oben in eine der Vorrichtungen, die für Gepäckstücke bestimmt waren. Fast alle hielten ihre Sachen bei sich, meist nur Taschen, weil der Alarm so unerwartet kam. Jetzt saßen die Leute da und stierten vor sich hin, in Sorge um ihre Häuser - und ihr eigenes Leben vielleicht. Sie lauschten mit angestrengten Gesichtern, ob Bomben fielen. Bisher waren auf Lüneburg keine Bomben gefallen. Hildegard, Ännchens Freundin, lag wie sie auf der Gepäckablage und es war gemütlich da oben. Sie spielten Siebzehn und Vier. Der Keller war bald voll besetzt mit Menschen und Gepäck. Manche fanden keinen Sitzplatz mehr, obwohl die Leute zusammenrückten.

Plötzlich pochte jemand an die Eisentüre und wollte herein. Der Blockwart fragte, wer da sei. Draußen sagte jemand laut: »Ein Soldat.«

Es war auch ein Soldat, wie Ännchen sofort erkannte, aber er war nicht allein. Ein Mann in schmutzig braunem Kittel kam hinter ihm her in den Keller. Ein Pole oder Russe in Sträflingskleidung. Der Soldat stand mit dem Rücken zum Raum und hielt eine Hand auf der Schulter des Mannes. Ännchen konnte den Soldaten nicht erkennen, aber von hinten sah er ein bisschen aus wie Papa. Breite Schultern und struppiges graues Haar. Sie starrte zum Eingang. Mama und alle anderen sahen auch hin. Er konnte es ja nicht sein, der Mann humpelte nicht. Außerdem hätte Mama ihn sicher erkannt und etwas gesagt.

Der Blockwart und der Soldat stritten sich, und unten murmelten sie, ein Sträfling dürfe hier nicht herein, das sei nun einmal die Anordnung. Deshalb der Streit. Dann sagte der Soldat ganz laut und zornig:

»Wenn der Pole hier nicht reindarf, werde ich auch nicht bleiben. Es ist eine Schweinerei.«

»Es ist verboten«, sagte der Blockwart. Er notierte etwas in sein Buch und wollte den Namen des Soldaten haben, aber der spuckte nur vor ihm aus und ging. Die Türe knirschte und schlug zu. Draußen heulten immer noch die Sirenen. Man wusste ja nicht, ob Bomben fallen würden. Die Leute zuckten zusammen, wenn sie Flugzeuge hörten, und hofften, sie würden weiterfliegen. Manchmal bebte der Keller und die Leute guckten ängstlich an die Decke und fassten die Griffe ihrer Taschen und Kartons fester. Als wenn das etwas nützen würde, dachte Ännchen.

Mama sagte plötzlich ganz laut in die Stille hinein:

»Es ist eine Schweinerei, den Polen nicht in den Bunker zu lassen. Das ist gegen jeden Anstand und gegen das Gebot der Nächstenliebe. Man muss sich ja als Deutsche schämen, dass so etwas hier bei uns passiert!«

Der Blockwart tat, als hätte er es nicht gehört, aber er hatte es gehört, denn er notierte etwas in sein Blockwartbuch. Mama saß aufrecht und sah ihn ganz fest an. Sie hatte keine Angst.

Ein Mann, der in Mamas Nähe saß, wandte sich an sie und sagte halblaut:

»Man muss doch vernünftig sein, gute Frau! Es ist nun mal verboten! Daran können wir nichts ändern.«

Mama antwortete nichts und sah den Mann nicht an. Sie verachtet ihn, dachte Ännchen zufrieden.

In ihr Heft schrieb sie noch in der gleichen Nacht:

Wenn jemand bei Bomben nicht in den Keller darf, ist es so gut wie Mord. Auch wenn der Keller aus Papier ist, wie Papa sagt, also nichts nützt. Sicher war der Soldat nicht Papa, ich habe mich geirrt. Mama hat keine Angst.

4. Wenig später fuhr Ännchen mit ihrer Klasse auf einem Lastwagen in das Landschulheim von Marienau.

»Da seid ihr Kinder auf jeden Fall besser aufgehoben, falls hier einmal Bomben fallen sollten«, hatte Direktor Langenbruch gesagt. Mama war einverstanden, weil früher Freunde von Papa in Marienau gearbeitet hatten. Ein jüdischer Lehrer und seine Frau.

»Gott sei gepriesen, dass Max und Gertrud jetzt in der Schweiz in Sicherheit sind. Hoffentlich bleibt ihr guter Geist zurück, damit bei uns nicht alles zum Teufel geht«, hatte Papa gesagt.

Ännchen blieb zwei Wochen in Marienau. Es war wie im Frieden, nichts Aufregendes passierte und es gab keinen Bombenalarm. Bei der Abreise hatte Mama Ännchen ganz zärtlich in den Arm genommen und gesagt, sie würde in der Zeit nach Hamburg fahren, um Papa zu suchen. Vielleicht hätte sie Glück und könnte ihn sehen oder befreien.

Wie will sie ihn finden?, dachte Ännchen. Sie hoffte, es würde gelingen.

Sie dachte nur selten daran, dass Mama auf Reisen war, denn in Marienau gefiel es ihr. Obwohl die Wochenenden in Deutsch Evern mit Christian noch schöner waren, fand sie.

Wenn alles schön und normal ist, braucht man nichts groß aufzuschreiben,

schrieb sie am letzten Tag in Marienau in ihr Heft.

Auf dem Weg zurück nach Lüneburg schien eine warme Herbstsonne und sie sangen ausgelassen während der ganzen Fahrt. Als der Lastwagen am Bahnhof hielt, standen ganz vorne zwei Rote-Kreuz-Schwestern, hinter ihnen die wartenden Eltern. Die Schwestern hatten Papiere in der Hand und riefen ihren Namen, und sie sagte: »Ich bin Ännchen Schwalbe.« Sie waren sehr freundlich mit ihr und nahmen sie mit in eine Rote-Kreuz-Station in der Innenstadt. »Volkswohlfahrt«, las sie an der Tür. Ännchen wusste nicht, was das alles zu bedeuten hatte.

Sie ging mit den beiden Frauen in einen Raum, an der Wand hing ein Hitlerbild. Sie sollte sich setzen. Die beiden Schwestern sahen sie an. Sie trugen an ihrer weißen Kleidung kleine rotschwarze Abzeichen mit einem Hakenkreuz. Das hatten alle Schwestern, soviel sie wusste, und war nichts Besonderes. Ännchen dachte, dass etwas passiert sein musste. Vielleicht ging es um Papa oder ihren Bruder. Wenn nichts Schlimmes passiert wäre, dachte sie, hätten sie mich nach Hause gehen lassen und mich nicht herausgerufen. Sie hätte gerne in Ruhe darüber nachgedacht. Es ging alles so schnell, aber ihr Kopf folgte nur langsam. Auch ihre Schritte in die Rote-Kreuz-Station waren langsamer als sonst, so als wäre sie irgendwie gelähmt. Warum war Mama nicht am Bahnhof gewesen?

»Ist Papa tot?«, fragte sie, bevor die Schwestern etwas gesagt hatten.

Die Dickere der beiden nahm sie in den Arm und weinte, Ännchen konnte es nicht genau sehen, aber sie schluchzte. Die andere sagte:

»Armes Kind, es ist etwas mit deiner Mutter geschehen.«

Ännchen war, als hörte sie diesen Satz von weit her und die Nachricht hätte irgendwie nichts mit ihr zu tun. Die Stimmen der beiden Frauen waren wie ein Flüstern aus einem anderen Raum.

»Wir haben uns schon erkundigt nach deinen Verwandten, aber es gibt ja nur diese Tante in Ostpreußen. Das ist jetzt zu unsicher, da können wir dich nicht hinschicken, und dein Bruder ist ja wohl vermisst. Oder in Gefangenschaft.«

Ännchen nickte und sagte fast mechanisch:

»Papa ist im Krieg. Er muss eine Nachricht kriegen.«

Die dickere der beiden Schwestern weinte wieder. Sie hatte ihren Arm immer noch um Ännchens Schultern gelegt. Dann richtete sie sich auf:

»Armes Kind. Wer weiß, ob dein Vater zurückkommt. Wir wissen noch nicht, wo du bleiben kannst. Aber wir sorgen schon dafür, dass es dir gut geht.«

Ännchen fühlte sich ganz kalt und ihr ging durch den Kopf, dass diese Leute nicht alles genau wissen konnten und sich vielleicht irrten. Sie dachte, dass Nazis sowieso logen. Das hatte Papa oft gesagt und sogar Mama hatte nicht widersprochen. Mit einem Naziabzeichen war man noch nicht automatisch eine Nazischwester. Auch Direktor Langenbruch trug immer ein Naziabzeichen und war kein Lügner. Aber Ännchen wusste es nicht genau, sie klammerte sich, weil sie nichts anderes hatte, an solche Überlegungen. Die Welt um sie herum war eine verwirrende Unordnung.

Ihr Tagebuch geriet für einige Zeit in Vergessenheit.

5. Vier Tage später probierte sie gebrauchte Wintermäntel an und fand einen, der ihr gut passte. Sie solle ihre Sachen packen, sagte eine der Schwestern.

»Wir bringen dich in ein schönes Dorf. Zu ganz netten Leuten. Da bist du gut aufgehoben, bis der Krieg endlich vorbei ist«, hatte sie ihr erklärt. Sie stiegen in einen Rote-Kreuz-Wagen und fuhren los. Es war Herbst und es ging ein kalter Wind an diesem Abend. Die Landstraße führte fast nur durch Wälder. Bis der Fahrer langsam suchend durch Tollendorf lenkte und ein Ortsschild Bredenbock ankündigte. Er fuhr die Straße durch Felder bis zu einer Anhäufung von Höfen, die ungeordnet herumstanden und sich unter Kastanien und Eichen zu ducken schienen. Er hielt an einem kleinen Platz, stellte aber den Motor nicht ab. Die Schwester und Ännchen stiegen aus. Die Frau versuchte ihre Hand zu nehmen, aber Ännchen richtete es so ein, dass sie an der Seite ihre Tasche hielt und allein neben der Frau ging. Die Frau blätterte, am hölzernen Milchbock stehend, in den Papieren. Sie hatte Mühe, sie im Wind festzuhalten. Sie ging ein paar Schritte, sah sich nach den Nummern an den Fachwerkhäusern um und murmelte: »Hier muss es irgendwo sein.« Sie gingen an der Schule vorbei durch das Tor zu einem Gehöft. Ein schwarzer Hund kläffte und zerrte an einer Kette, aber er konnte nicht los. Das Mädchen hatte Angst vor dem Hund. Sie sah den Schuppen mit dem offenen dunklen Eingang, das Stroh auf dem Dach der Ställe und hörte das Muhen von Kühen und wie Pferde mit ihren Hufen gegen Holz schlugen.

Die Frau klopfte an die Türe und ein kleiner Junge von vielleicht sechs Jahren öffnete. Er war mager und rotblond und sah blass aus. Er blieb wortlos in der halb offenen Türe stehen. Er guckte wach und neugierig und hielt verlegen eine Hand am Kinn, wie nachdenkliche Erwachsene es manchmal machen. Ännchen, die mit ihrer Tasche neben der Rote-Kreuz-Schwester stand, betrachtete ihn. Er gefiel ihr und sie lächelte. Der Junge lächelte zurück.

»Ist deine Mutter oder dein Vater zu Hause?« Der Junge nickte und verschwand, man hörte seine Kinderstimme und ein Mann kam an die Türe, vermutlich der Bauer. Sein linker Arm hing seltsam steif herab, er war ein großer hagerer Mann. Der andere Arm war beweglich, stellte Ännchen fest. Hinter ihm drängelte sich die Bäuerin nach vorne, eine dicke Frau mit Schürze. Sie schob den Mann beiseite.

»Da ist ja unser Ännchen«, sagte sie und Ännchen fühlte sich beruhigt, sie wusste nicht genau warum. Mit einer dicken Frau würde es alles einfacher sein, dachte sie. Vielleicht hatten die Rote-Kreuz-Frauen sie nicht belogen.

Die Frau zog sie mit ins Haus, während der Bauer mit der Schwester sprach. Im Flur roch es und in der Küche roch es. Im ganzen Haus riecht es nach geräuchertem Speck und Schinken, dachte Ännchen, und es war nicht unangenehm. Vielleicht wird es lästig, wenn man es immer riechen musste. Aber vielleicht riecht man es dann nicht mehr.

Die Bodendielen knarrten bei jedem Schritt.

Die Frau brachte sie in eine große Küche und setzte sich an den Tisch. Ännchen sollte sich auch setzen. Im Herd knackte es und die Herdplatte glühte an einer Stelle. Die Bäuerin legte die Papiere neben sich und gab ihr ein Glas warme Milch. Ännchen mochte warme Milch nicht besonders gern, aber sie trank sie. Auf dem Tisch stand das Abendbrot mit Wurst und Sachen, die sie nicht kannte. Auch der Mann war wieder in die Küche gekommen. Der Junge starrte Ännchen neugierig an. Sie hörte das regelmäßige Ticken einer Standuhr.

»Armes Kind«, sagte die Bäuerin und strich ihr eine Schnitte mit Mettwurst, »nun iss erst mal. Du musst ja mächtig hungrig sein nach der langen Fahrt.« Sie lächelte ihr zu, beide Arme auf dem Tisch.

Wenn sie mit ihrem Mann sprach, dann in einem Dialekt, und zuerst verstand Ännchen es nicht besonders gut. Es hört sich schön an, dachte sie, aber anders als in Lüneburg, wenn die Marktfrauen sich unterhielten oder wenn Mama mit ihnen sprach. Mama konnte auch Dialekt. Mit Frau Schüttler sprach sie so ähnlich, oder mit dem Briefträger.

»Wie soll ich Sie ansprechen?«, fragte sie, als sie die Schnitte gegessen hatte.

Mann und Frau sahen sie an, als wären sie erstaunt, dann lachten beide und die Bäuerin sagte:

»Das kannst du ja noch nicht wissen, meine Kleine! Wir heißen Fritsche. Sag Tante Anneliese zu mir. Ich heiße Anneliese. Und zu meinem Mann kannst du Onkel Willi sagen, nicht wahr? Onkel Willi ist hier der Bürgermeister und der Ortsbauernführer. Aber für dich ist er ab jetzt der Onkel Willi. Solange dein Vater noch im Lager ist, ist hier deine Familie. Wir werden uns schon vertragen, oder?« Sie lächelte und tätschelte Ännchens Hand. Ihre Hand war weiß und weich und angenehm. Anders als die Hände von Mama.

Von draußen fiel nur noch wenig Licht durch die Fenster. Die Kammer, die sie ihr zuwiesen, war klein und die krummen Wände mit vergilbten alten Tapeten beklebt. Es war Platz für ein Bett und einen Schrank für ihre Sachen. Das Oberbett wölbte sich dick und kurz zu einem weißen Hügel. Vor dem Fenster hörte sie das Rauschen der Bäume. Sie legte ihre wenigen Sachen in den Schrank. Man würde noch etwas für sie aus dem Haus holen, hatte man ihr gesagt. Ob das Haus ihrer Eltern zerstört sei, hatte Ännchen gefragt. Das nicht, hatte man ihr gesagt, es sei aber versiegelt. Man würde später ihre Sachen holen und sie schicken. Ihre Kleidungsstücke hatte sie noch aus Marienau in ihrer Tasche. Zwei Nächte war sie im Krankenhaus untergebracht gewesen, allein in einem Zimmer. Sie wusste nicht warum. Die Rote-Kreuz-Schwestern wuschen und bügelten ihre Röcke und Blusen. Wer wohl ihren Mantel vorher getragen hatte?

An der Wand über dem Bett hing ein Konfirmationsspruch. Ännchen versuchte ihn zu lesen, konnte aber die Schrift nicht mehr entziffern. Die Glasscheibe war voller Fliegendreck. Und das Papier war vom Alter fleckig geworden. Unter dem Bett stand ein Nachttopf. Ännchen kannte Nachttöpfe nur aus Bilderbüchern und sie schob ihn so weit unter das Bett, bis er ganz verschwunden war. Wo ist hier das Klo, dachte sie. Gut dass ich noch nicht ausgezogen bin.

Sie sah noch Licht unter der Küchentür. Sie klopfte ein wenig schüchtern und hörte Schritte. Der Mann öffnete. Er trug Hosenträger, er hatte einen kleinen dunklen Bart auf der Oberlippe. Das war ihr vorher nicht aufgefallen. Er war ein Mann, der wenig sprach, stellte sie fest. Keiner, vor dem man sofort Angst hatte.

»Fehlt dir was?«, fragte er.

»Das Klo?«

»Ach du meine Güte. Du bist ja aus der Stadt! Das haben wir ganz vergessen. Komm mit.«

Sie gingen über den Hof an dem Hund vorbei, der jetzt nicht mehr kläffte, und der Mann öffnete am Schweinestall eine Türe.

»Hier ist das Klo. Wenn du fertig bist, machst du hinter dir die Haustüre wieder zu, ja? Schieb einfach den Riegel vor. Damit kein Dieb dich in der Nacht holt.« Er lachte leise und Ännchen lachte auch. Sie zog die Klotüre hinter sich zu. Als sie sicher sein konnte, dass sie alleine war, stieß sie die Türe ein wenig auf, damit Licht hereinkam und um zu prüfen, ob man vielleicht etwas Spannendes sehen könnte. Sie hatte an einem Haselnussstrauch vorbei einen freien Blick auf den Hof des Nachbarn. Zwei Frauen und ein Mann standen an einem niedrigen Stall und redeten, eine hatte einen Eimer in der Hand. Beide Frauen trugen Kopftücher. Morgen werde ich fragen, wie sie heißen, dachte Ännchen.

Das Klopapier bestand aus Zeitungsresten und war auf einen großen Nagel gespießt, viele Blätter zu Quadraten geschnitten. Sie ging ins Haus zurück, schob den schweren Riegel vor und lächelte. Wer sollte sie schon gleich in der ersten Nacht klauen? Im Hause eines Ortsbauernführers! In der Küche hatte sie kein Hitlerbild gesehen, das war ein Rätsel. Als Ortsbauernführer ist er vermutlich ein Nazi, aber er besitzt nur einen brauchbaren Arm. Nazis nehmen eigentlich keine Krüppel, dachte sie, aber vielleicht ist er kein schlimmer Nazi. War Papa kein Nazi, weil er humpelte? Er ist im Lager, hatte die Frau gesagt. Das ist besser als an der Front, dachte sie. Vielleicht wird alles gut. Sie werden mich hier schon nicht umbringen.

6. Es war unbetretenes fremdes Land für sie, nichts war vorhersehbar und sie wusste nicht, wie ihr Leben hier sein würde. Sie ängstigte sich nicht. Von Bredenbock aus konnte man leicht die Häuser von Tollendorf sehen. Zur anderen Seite hin sah man auf die Wälder, die bunt und herbstlich leuchteten, wenn die Sonne schien. Meistens war es neblig am Morgen. Einmal nahm Bauer Fritsche sie mit nach Hitzacker und sie sah die Elbe. Während er Getreide ablieferte, ging sie allein mit einem Regenschirm an das Ufer. Der Fluss gefiel ihr nicht sehr, vielleicht weil es regnete.

Bis zur Schule brauchte Ännchen nur wenige Schritte zu gehen. Alle Kinder saßen in einer Klasse, ganz gleich, wie alt sie waren. Wenn die Lehrerin mit den älteren arbeitete, mussten sich die jüngeren selbst beschäftigen. Die Lehrerin war eine noch junge Frau, streng, aber freundlich und gerecht. Ännchen kannte fast alle Aufgaben ihrer Altersgruppe, denn in Lüneburg war sie auf dem Gymnasium gewesen und es hatte ihr Spaß gemacht.

Wenn Ännchen in der Schule aus dem Fenster schaute, sah sie auf der anderen Seite der Straße auf einen Hof mit Stallungen für Schweine, Kühe und Pferde. Überall lag Stroh und Mist und Gerümpel. Diese Bauern hier schienen ihr nicht besonders ordentlich. Manchmal sah sie ein Mädchen über den Hof gehen oder am Kuhstall arbeiten. Es trug immer ein Kopftuch. Das Mädchen schleppte Eimer mit Kartoffeln oder Milchkannen. Jeden Samstag fegte es den Hof. Manchmal erschien die Bäuerin vor der Tür des Wohnhauses und rief dem fremden Mädchen etwas zu. Die Bäuerin hatte oft einen Säugling auf dem Arm. Später erfuhr Ännchen, dass das Kind Horstchen genannt wurde. Die Bäuerin war jung und hoch gewachsen und hatte ein großes herbes Gesicht. Der Hof war wie fast bei allen anderen mit Kopfsteinen gepflastert und überall lag Kuhscheiße. Den Bauern schien das nichts auszumachen.

Auf dem Hof von Fritsche lag auch Kuhscheiße. An einem Samstag sollte Ännchen sauber machen. Sie nahm Schaufel, Eimer und einen harten Besen, aber alles kriegte sie nicht los von den Steinen. Den Rest macht der Regen, sagte Fritsche.

Aufregender als die Schule war das Leben auf dem Hof, auch wenn sie, immer an Samstagen, Kuhscheiße wegmachen musste. Wenn abends alles erledigt und noch Zeit bis zum Abendessen war, stand sie oft am Zaun und sah über die Wiese zum Wald hinüber. Ihr gefielen die blauen Abendnebel. Sie beobachtete bei solchen Gelegenheiten manchmal eine Gestalt, einen Mann oder einen Jungen, das konnte sie nicht unterscheiden. Er trieb Schafe am Waldrand vorbei, durch die Wiesen auf die Ställe zu, die zum Hof auf der anderen Seite der Schule gehörten, wo das fremde Mädchen arbeitete. Manchmal ging er der Schafherde voran, manchmal hinterher. Er trug einen lumpigen langen Mantel und einen breitkrempigen Hut, so dass er wie ein alter Mann aussah. Dann verschwand er im Stall. Sie konnte sein Gesicht aus solcher Entfernung nicht erkennen. Vielleicht war er ein Mann, vielleicht ein Junge.

»Er ist ein Iwan«, sagte ihre Banknachbarin in der Schule, »und kann kein Deutsch.«

In ihrem Tagebuchheft begann Ännchen eine neue rechte Seite. Sie schrieb auf die erste Linie: »Bredenbock etc.« Denn hier war alles neu und sie wollte nichts vergessen.

Warum war das Mädchen vom Hof nebenan nicht in der Schule? Vielleicht war sie schon zu alt. Sie war ziemlich groß, hatte aber ein ganz junges Gesicht. Wahrscheinlich war sie nicht älter als Ännchen, aber sie war sich nicht sicher. Unter dem Kopftuch quollen dichte braune Haare hervor, sie trug Holzpantinen.

Das Mädchen »Kopftuch« geht nicht zur Schule. Sie arbeitet viel, sie sieht vergnügt aus. Man müsste wissen, wie sie heißt. Vielleicht wird sie eines Tages eine berühmte Frau. Dann wäre es gut, sie zu kennen, und ich wäre automatisch auch berühmt.

Die Eintragungen in das Tagebuch waren wie schon in Lüneburg immer kurz, denn das Heft sollte ewig ausreichen, hatte sie sich vorgenommen. An manchen Abenden schrieb sie nur eine Zeile oder ein Wort, zum Beispiel

»Waldemars Buckel« oder »Schmied ohne Hände«. Als ihr Füllfederhalter leer war, fand sich keine Tinte im Haus. Die kann man nur in Hitzacker oder Dannenberg kaufen, sagte Tante Anneliese. Sie schrieb mit einem Bleistift weiter.

Wenn Ännchen über den Dorfplatz ging, sagten die Bauern oder die Bäuerinnen:

»Du bist also das Ännchen von Bauer Fritsche.«

Sie lächelten dabei ein wenig verlegen und Ännchen gab ihnen die Hand. Darüber waren sie erstaunt, vermutete sie. Die meisten der Bauern waren ziemlich alt oder hatten eine Behinderung wie Fritsche. Vermutlich waren alle jüngeren im Krieg.

Glück für einen Bauern, wenn er einen Fehler (Krüppel etc.) hat und nicht wegmuss. Sie fragen immer, ob ich aus der Stadt komme. Das ist für sie etwas Besonderes, aber für mich nicht.

Ännchen fand Gefallen an ihren täglichen Beschäftigungen. Alles war völlig verschieden von ihrem bisherigen Leben, die Arbeit und die Nähe der Tiere, das zweite Frühstück um halb zehn, die Erntearbeiten, die Gerüche und Gespräche der Bauern. Sie lernte, den Dialekt zu verstehen, mit der Sense umzugehen, zu melken und einen Pferdewagen anzuspannen. Es gab wenig, das ihr nicht gefiel. Zum Beispiel das Schlachten mit dem dampfenden Blut und vielen nackten Fleischbergen war ihr unangenehm gewesen. Fritsche hatte gelacht und ihr den Schweineschwanz zugeworfen. Der kleine Junge mit den rotblonden Haaren hieß Dieter. Ännchen wusste nicht, ob er wirklich das Kind der Bauern war. Eigentlich waren sie schon zu alt, um ein kleines Kind wie Dieter zu haben. Vielleicht ist Dieter auch ein Waisenkind wie ich und sie verheimlichen es.

Wie alt kann man noch Kinder kriegen? Bekommen Kinder von alten Eltern rote Haare? Das wäre die Frage. T.A. fragte in der Küche beim Spülen, ob ich schon »meine Tage« hätte. Ich habe es verneint. Sei froh, hat sie gesagt. Ich soll vorsichtig sein mit den Männern vom Dorf. Die wären nicht alle astrein. Ich soll nie allein mit diesen Männern gehen. Mit astrein meint sie schmierig und dass sie was machen wollen. Das konnte ich an ihrem Gesicht sehen. Das Wort »astrein« kannte ich nicht.

Jeden Morgen in der Frühe um sieben brachte Ännchen die Milchkannen der Fritsches auf den Dorfplatz. Die Karre hatte zwei Gummiräder und fuhr ganz leicht. Nur das Abladen war nicht so einfach, denn der Milchbock war hoch. Es kam vor, dass ihr eine Bäuerin dabei half.

Nach ein paar Wochen kannte Ännchen sich gut aus in Bredenbock. Manchmal kam sie gleichzeitig mit dem fremden Mädchen *Kopftuch* vom Hof gegenüber der Schule am Milchbock an. Ännchen war neugierig und sprach sie bei passender Gelegenheit an.

»Wie heißt du?«

Das Mädchen lächelte und sagte: »Anna Chochowa.«

»Ich heiße Ännchen Schwalbe.«

»Ich bin aus Russland. Wenn sie mich Russe, Russe

rufen«, sagte Anna unvermutet, »dann rufe ich Zigeuner, Zigeuner.«

Sie lachte.

»Wer ruft dich denn hier Russe, Russe?«, fragte Ännchen.

»Na, die Kinder. Denen fällt nichts anderes ein. Manchmal rufen sie: Wir gewinnen den Krieg. Dann rufe ich: Wir erst recht. Ich arbeite bei Bauer Gistenbeck da drüben. Ich muss auch auf das Horstchen aufpassen. Er ist fünf Monate alt.«

»Der Dieter bei meinem Bauern ist schon sieben und hat rote Haare«, sagte Ännchen. Sie lachten beide.

»Auf den brauchst du nicht aufzupassen, oder?«

»Der steht immer in der Kuhstalltüre, wenn ich versuche zu melken, und sagt, ich könnte das nicht richtig, weil ich aus der Stadt käme.«

»Kommst du aus der Stadt?«, fragte Anna.

»Ich komme aus Lüneburg. Jetzt bin ich in Bredenbock, erst mal bis der Krieg zu Ende ist. Später habe ich eine Buchhandlung in Lüneburg, die von meinem Papa. Dann besuchst du mich.«

»Wer weiß. Vielleicht ist das nicht so einfach.« Anna Chochowa lachte mit einer ganz hellen Stimme. Und dann sagte sie:

»Manche Deutsche sind ganz freundlich, manche nicht.«

»Warum?«

»Wenn man das wüsste. Es ist überall so.«

»Gehst du nicht zur Schule, weil du eine Russin bist?«

»Russen dürfen hier nicht in die Schule. In meinem Dorf Ostrowi am Dnjepr bin ich auch zur Schule gegangen, hier aber nicht. Das erlauben sie nicht.«

Sie trafen sich von nun an regelmäßig am Milchbock, in manchen Wochen jeden Tag. Sie kannten sich bald besser. Anna Chochowa sagte oft Dinge, die Ännchen überraschten oder über die sie lachen musste. Das gefiel ihr.

Anna bemerkte einmal, wenn Sergej nicht wäre und sie nicht mit ihm reden könnte, würde sie vielleicht verlernen Russisch zu sprechen. Am Abend schrieb Ännchen in ihr Tagebuch:

Anna könnte Russisch ja für sich alleine üben. Aber das ist sicher schwer, stelle ich mir vor. Wenn ich Deutsch mit mir selbst üben sollte: Was würde ich sagen?

Den meisten Platz in ihrem Tagebuch nahmen Geschichten ein, die sie von Tante Anneliese oder den Kindern in der Schule hörte. Und von Anna, die alles erfuhr, was passierte und geredet wurde. Ännchen hatte bald ein genaues Bild von allen Bauernhöfen und den Bewohnern, und Anna Chochowa lachte, wenn sie davon sprachen. Anna konnte die Bauern und Bäuerinnen mit ihren Stimmen und der Art zu gehen nachmachen. Sie wusste genau, welcher Bauer wilderte und wer schon im Gefängnis gesessen hatte oder wer seine Zwangsarbeiter schlug. Sie hatte alles mitbekommen, seit sie in Bredenbock war. Ihre jetzige Bäuerin hatte sie noch nie geschlagen.

Wie hat Anna die Geschichten aus diesem Dorf erfahren? Sie sagte:

Ich belausche alle Leute, sie merken es nicht. Belauschen ist nicht besonders anständig. Aber wenn ich hier Russin wäre? Wer weiß.

Bald gab es keine Geheimnisse mehr zwischen ihnen und doch hatten sie immer eine Menge zu bereden. Als sie sich schon gut kannten, erzählte Anna von ihrem Heimatort Ostrowi und von der schönen alten Schreinerwerkstatt ihres Vaters.

»Da ist jetzt nichts mehr«, sagte sie, »alles abgebrannt. Mein Vater war sowieso nicht mehr da, sondern in einem Straflager. Er heißt Piemen Demidowitsch Chochow.«

»So heißt hier keiner«, sagte Ännchen und sie lachten.

»So komisch wie Bredenbock heißt bei uns auch kein Dorf!«

»Warum ist dein Papa in einem Straflager?«, fragte Ännchen.

»Wir wissen es nicht. Der Geheimdienst hat ihn im Herbst 1937 einfach abgeholt. Hoffentlich sehe ich ihn noch einmal wieder.« Annas Augen blickten traurig, als sie das sagte. Dann lächelte sie plötzlich und zeigte auf den Nachbarhof.

»Da war ich zu Weihnachten eingeladen«, sagte sie, »es war feierlich mit Liedern und Gedichten. Mit viel Kuchen. Und ich habe zum ersten Mal einen deutschen Christbaum gesehen. Ich habe auch ein Geschenk gekriegt von den Leuten. Von meiner Bäuerin nicht.«

Eines Morgens erfuhr Ännchen von den russischen Galoschen. Sie kam zu spät zum Frühstück, weil es eine lange

Geschichte war und Anna zwischendurch ihre Tränen abwischte. Aber Tante Anneliese schimpfte nicht. Tante Anneliese schimpfte nie mit ihr. Sie schüttelte traurig den Kopf, als Ännchen ihr die Geschichte von den Galoschen weitererzählte, und sagte: »Manche Leute sind so herzlos.«

7. Die Verschleppung aus Russland hatte Anna Chochowas Leben für immer verändert.

Die deutschen Soldaten hatten 1942 auf der Suche nach Partisanen das Dorf Ostrowi am Dnjepr dem Erdboden gleichgemacht und alle Verdächtigen in eine alte Scheune getrieben, auch Frauen und Kinder und die Alten. Die Soldaten verriegelten das Gebäude und übergossen die Wände mit Benzin. Der Bürgermeister fiel vor den Deutschen auf die Knie und bat um Schonung, sie seien unschuldig und man möge Güte und Gerechtigkeit walten lassen. Da war plötzlich ein deutsches Motorrad angekommen und der Fahrer rief dem Offizier etwas zu, was keiner verstand. Der Offizier befahl die Scheune zu öffnen und hielt eine Ansprache an die Leute:

»Ihr seid sicher alle Partisanen, das wissen wir. Aber ein paar Leute wollen wir trotzdem am Leben lassen.«

Die müssten nun nach Deutschland, um zu arbeiten. Anna Chochowa war zwölf Jahre alt, am nächsten Morgen sollten sie und ihr Bruder abgeholt werden, um nach Deutschland zu reisen. Am gleichen Abend besorgte ihre Mutter Maria Sergewna ein Stück Kuhleder und in der Nacht nähte sie für Anna ein Paar Galoschen, damit sie keine kalten Füße auf der Reise nach Deutschland hätte.

Alle weinten in dem kleinen Zimmer, nur der dreijährige Alexander war vergnügt und krabbelte auf dem Boden herum. Dann hat die Mutter laut gebetet und Gott angefleht, dass alle wieder heimkehren sollten.

Anna Chochowa musste mit vielen anderen ihres Dorfes auf einen Güterzug steigen, um nach Deutschland zu fahren. Sie hatten nichts zu essen auf der Fahrt, an den Haltestellen warfen ihnen manchmal Soldaten Kekse und Brot vor die Füße. Als sie in Deutschland ankamen, wurden ihnen ihre Kleider wegen der Läuse abgenommen und sie mussten unter eine heiße Dusche. Die Kleider bekamen sie zurück, sie waren noch ganz heiß von der Reinigung und die Läuse waren weg. Die Russen, die einen Stempel auf ihren Papieren hatten, hat Anna nicht wieder gesehen. Sie hatte keinen Stempel.

Die älteren der Verschleppten wurden in die Fabriken gebracht. Anna Chochowa fuhr mit einigen anderen Mädchen, streng bewacht von Soldaten, mit einem Güterzug nach Hitzacker. Am Bahnhof stand eine Bäuerin mit einem Pferdewagen und nahm sie mit nach Tollendorf. Als sie auf den Hof fuhren, befahl die Bäuerin, Anna solle ihre schrecklichen Galoschen ausziehen und verbrennen.

Anna Chochowa weinte, sie wollte die Galoschen behalten, sie hatte kein anderes Andenken an ihre Mutter. Heimlich schaffte sie sie beiseite, wickelte sie in einen alten Kartoffelsack und vergrub sie im Garten hinter einem Strauch. An die Stelle steckte sie ein kleines Kreuz aus Holzstöckchen in den Boden, sie wusste selbst nicht warum.

Sie hatte nicht bemerkt, dass eine Nachbarin sie beobachtete. Die erzählte es der Bäuerin. Anna musste die Galoschen ausgraben und mit eigenen Händen in den Ofen stecken. Sie weinte, weil sie an ihre Mutter dachte, aber das wusste niemand. Die Bäuerin ermahnte sie, gehorsam zu sein und gut zu arbeiten, dann würde es ihr hier gut gehen. Sie gaben ihr ein Paar Holzpantinen.

»Ich möchte meine Mutter wieder sehen«, sagte Anna. Ännchen wusste nicht, was sie sagen sollte. Weinen wäre unpassend hier am Milchbock, dachte sie. Ein Lächeln brachte sie mühsam zu Stande und sie hoffte, Anna würde nicht glauben, sie hätte kein Mitgefühl.

»Der Krieg ist sicher bald zu Ende«, versuchte Ännchen ihre Freundin zu trösten. Anna sah sie mit feuchten Augen an und sagte:

»Abends stelle ich mich auf die Fensterbank, um den Mond zu sehen. Dann denke ich, dass vielleicht meine Mama auch den Mond sieht, in genau dem Augenblick, und dass sie an mich denkt.«

»Du warst zuerst in Tollendorf?«

Anna nickte.

»Da war eine Frau, die gab mir nur Brot, das sie aus Pferdefutter gebacken hat. Wie findest du das? Das meiste musste man ausspucken, denn es war Häcksel. Ihre Tochter war gestorben und sie ging immer auf den Friedhof hier nach Bredenbock. Sie brachte jeden Tag Blumen hin und manchmal hat sie mich mitgenommen. Später kam ich zu einer Frau, die lebte allein und war nicht gesund. Manchmal hat sie abends mit mir getanzt. Bis wir vor lauter Lachen umgefallen sind. Die Frau hieß Oma Saremba. Ihr Sohn war im Krieg und kam einmal und hatte Blut an seinem Messer. Ich habe es genau gesehen. Oma Saremba hatte noch einen Franzosen, der schlief im Stall.« Sie lachte. »Seit einem Jahr bin ich bei Bauer Gistenbeck hier in Bredenbock. Die Frau ist streng, aber das Brot ist besser als Pferdebrot. Drüben in Witiza arbeiten Leute aus meinem Dorf bei den Bauern. – Einmal an einem Sonntag hat mich ein Mann besucht, der von mir gehört hatte. Er stellte sich vor mich hin und sagte: Erkennst du mich? Wie heiße ich! Ich habe gesagt: Onkel Koban heißt du! Da hat er gelacht und geweint vor lauter Glück, denn Koban war sein Spitzname, so haben ihn alle im Dorf genannt. Koban heißt nämlich Wildschwein.«

In ihr Heft schrieb Ännchen:

Wenn man ganz weit weg ist und jemand kennt einen mit Spitznamen, weint man vor Glück. Wenn Mama das mit dem Brot aus Pferdefutter wüsste, dann wäre was los! Ich kenne keinen, der mit Spitznamen Wildschwein heißt, aber ich stelle mir diesen Mann vor. Wahrscheinlich waren seine Zähne wie bei einem Wildschwein?

Am Milchbock warteten sie, bis die anderen Bauern hinter ihren Hoftoren verschwunden waren. Dann hatten sie bis halb acht Zeit. Um halb acht musste Ännchen am Frühstückstisch sein und Anna den Kuhstall ausmisten. Das war ihre Arbeit nach dem Melken. Ännchen freute sich am Abend im Bett auf den Morgen, wenn sie Anna wieder sehen würde.

Anna ist klüger als die meisten Leute hier. Ich möchte nicht in Russland auf einem Bauernhof arbeiten, aber auch nicht zwangsweise in Deutschland. Zwangsweise würde mir nicht gefallen. Sie kann fast fehlerfrei Deutsch. Ich habe keine Galoschen als Erinnerung.

Ännchen wunderte sich, dass Anna gut Deutsch sprach, wenn auch mit Fehlern und ihrer besonderen russischen Art.

»Ich bin ja schon seit zwei Jahren hier«, sagte sie.

Ännchen konnte kein Wort Russisch und wusste nicht, wie sie es lernen sollte. Wenn sie mit Anna zusammen arbeiten dürfte, wäre es einfach.

Ihre Bäuerin, Tante Anneliese, hatte sie mit Anna Chochowa am Milchbock gesehen. Und dass sie da miteinander redeten. Sie erwähnte es einmal.

»Die kannst du wohl gut leiden, diese Anna?«, sagte sie, sonst nichts. Andere Kinder aus dem Dorf wurden zurechtgewiesen, wenn sie mit Anna oder anderen Zwangsarbeitern sprachen. Einmal fragte Ännchen Tante Anneliese, ob sie Anna ihr Zimmer zeigen dürfe. Damit war die Bäuerin einverstanden, aber Anna durfte dann doch nicht kommen. Weil Frau Gistenbeck es für unnötig hielt und sie ihre Arbeit nicht unterbrechen sollte.

Anna schlief in einem Bretterverschlag im Kuhstall. Überall zwischen den Ritzen rundherum steckten vertrocknete Blumen. Es gefiel Ännchen. Nur im Winter wäre es ziemlich kalt.

8. Bredenbock war ein gewöhnliches Bauerndorf, aber auch Ort geheimnisvoller Dinge, wie Ännchen sie in Lüneburg nie gehört hatte. Sie kannte Bredenbock bald besser als ihre Straße zu Hause. Hier war alles übersichtlich, weil sie alle Leute persönlich kannte und wusste, vor wem man sich besser in Acht nahm. Zugleich war alles viel seltsamer und verworrener, fand sie, und manches war gespenstisch.

Am Dorfeingang, neben dem Friedhof, stand ein Haus aus weißen Backsteinen. Man sagte, es gebe dort Geister, niemand ging freiwillig hinein. Früher hatte eine alte bettlägerige Frau dort gewohnt. An einem Sommertag pflügte ein junger Bauer auf dem Feld vor der Ortschaft. Ein Junge aus dem Dorf kam gelaufen, er solle ganz dringend zu der alten Frau in das weiße Haus kommen. Er band die Pferde am Pflug fest und lief los. Als er die Türe öffnete, war der Raum voller weißer Vögel, die wie wild durcheinander flogen. Er schlug erschreckt die Türe zu. Verwirrt und ratlos ging er auf und ab. Dann öffnete er noch einmal ganz vorsichtig die Türe einen Spalt weit. Kein Vogel war mehr zu sehen. Die alte Frau lag tot im Bett, die Hände auf der Brust gefaltet. Auf ihrem Bettvorleger lag eine große weiße Feder.

Der Bauer suchte den Jungen, der ihn gerufen hatte, um zu erfahren, wer ihn aufs Feld geschickt hätte, aber er war mit seinem Vater schon am frühen Morgen nach Dannenberg zum Markt gefahren.

In ihr Tagebuch schrieb Ännchen:

Das mit der Toten im weißen Haus am Dorfeingang mit tausend weißen Vögeln ist gruselig. Alle glauben die Geschichte, weil der junge Bauer kein Großmaul war. Ich weiß nicht so recht, ob ich sie glauben soll. Papa würde sie gefallen, denn so etwas steht auch in Romanen. Meinem Bruder Christian nicht, auch Mama nicht. Denn es ist Aberglaube und Heidentum. Ich war in dem Haus, aber alles war ganz normal.

Im halb zerfallenen Haus neben dem Geisterhaus lebte Waldemar und pflegte seine alte Mutter, die seit vierzehn Jahren krank im Bett lag. Waldemar sah man selten im Dorf. Man erkannte ihn schon von weitem an seinem großen Höcker auf dem Rücken. Er trug, wo immer er auch ging oder arbeitete, eine rote Cordjacke und man sagte, dass er die Türen zu seinem Haus mit zehn Schlössern verriegelte.

Sie sagen, Waldemar sei böse. Aber sie erzählen nicht, wann er einmal böse war und was er gemacht hat. Ich glaube es nicht. Vielleicht erzählen sie es, weil sie an Zwerg Nase denken oder an andere Unholde in den Märchen.

Den Surkenhof bewirtschaftete ein Bauer, der aus einem entfernten Ort zugereist war und die einzige, sehr schöne

Tochter geheiratet hatte. Niemand wusste, warum er nicht Soldat war wie die anderen, und man rätselte herum. Er ließ seine Frau immer Trab laufen, bei allen Arbeiten, auch mit schweren Milchkannen oder Kartoffelsäcken. Sie war inzwischen mager und abgehärmt, hatte dunkle Ränder unter den Augen, wirre ungepflegte Haare und blickte erschreckt, wenn man sie ansprach. Wenn sie nicht rannte, bekam sie Schläge von ihrem Mann. Die Eltern der Frau durften die Wohnstube nicht mehr verlassen. Obwohl ihnen der Hof ja gehörte. Der Bauer war schweigsam und blickte feindselig, wenn man ihn traf. Er sah mit Verachtung auf die anderen Höfe herab. Er hatte einmal öffentlich gesagt, die Bauern hier wären ja völlig ahnungslos. Ännchen hatte den Eindruck, dass man ihn fürchtete, aber zugleich auch bewunderte. Vielleicht glaubten sie wirklich, dass er wertvoller und fähiger sei als sie. Heimlich empörten sich die Bredenbocker über ihn und wie er seine Frau behandelte. Es wurde viel getuschelt und geschimpft, aber man unternahm nichts, um der Bäuerin und den Eltern, die ja alle noch aus normalen Verhältnissen kannten, in ihrer bedrängten Lage zu helfen. Ännchen dachte für sich, sie würde den Mann vielleicht mit einer Mistgabel erstechen, wenn sie erwachsen wäre. In ihr Tagebuch schrieb sie:

Papa würde zornig werden, wenn er hier im Dorf lebte. Er würde nicht einfach diesen Mann alles machen lassen mit der Frau etc. Mama auch nicht. Ich kann ihn nicht umbringen, wie denn?

In Tollendorf lebte ein alter Bauer, der fast alle Krankheiten heilen konnte. Man musste ihm nur den Namen und das Alter des Kranken nennen oder auf ein Stück Papier schreiben, mit seiner Adresse oder der Nummer des Hofes. Was zur Heilung notwendig war, machte er auf Geisterart. Aber Tiere konnte er nicht heilen, das bedauerten alle. Er hatte einmal wie nebenbei gesagt, er habe ein geheimes Mittel, mit dem man garantiert jeden Diktator auf der Welt umbringen könne. Da lachten die Leute von Bredenbock.

Die junge Lehrerin war aus der Stadt Uelzen hierher gekommen und sehr schön anzusehen. Manche der jungen Bauern, die Heimaturlaub von der Front hatten, machten sich ihre Hoffnungen und ritten stolz auf einem Pferd an der Schule vorbei. Ännchen glaubte nicht, dass solche Angeberei etwas nützen und sie einen Bauern nehmen würde, der keine Bücher las.

Die Söhne von Bauern, die fünfzehn oder sechzehn Jahre alt waren, trugen jetzt immer kurze Hosen, auch wenn es schon kalt war. Sie hofften, auf diese Weise nicht Soldat werden zu müssen. Einige der Jungens strichen auf Fritsches Hof herum, wenn Ännchen dabei war, die Milchkannen zu spülen, oder Arbeit am Kuhstall hatte. Sie guckten herum, als sei ihnen langweilig, oder sie betrachteten interessiert das Fachwerk oder irgendein Gerät. Manchmal sprachen sie Ännchen unbeholfen an, konnten aber nicht weitersprechen, wenn sie den ersten Satz gesagt hatten. Ännchen wusste nicht genau, was sie von ihr wollten. Einer sagte zum Beispiel: »Ich habe zu Hause einen richtigen Karabiner«, und guckte auf den Boden. Oder ein anderer sagte: »Man könnte mal Pilze suchen. Ich weiß wo.« Mehr brachten sie nicht zu Stande, wenn sie mit Ännchen redeten. Ännchen wunderte sich, denn mit den Mädchen vom Dorf oder mit Anna Chochowa war es ganz einfach, sich zu unterhalten. Nur wenn alle gemeinsam Kippe Kappe spielten, ging es besser. Dann guckte keiner verlegen auf den Boden.

Einige sind nett. Andere weniger. Es ist schwer, mit ihnen ein Gespräch zu führen, denn sie können es nicht. Dabei sehen wir uns jeden Tag irgendwo. Wenn sie untereinander sprechen, können sie es. Ich denke manchmal, dieser oder jener möchte mich küssen, aber sie sagen es nicht. Ich bin nicht sehr interessiert daran. Einer sagte mir, ich sei schön blond, und ist dann weggelaufen. Als wenn ich nicht wüsste, dass ich blond bin!!!

Alle im Dorf schienen Furcht vor Geistern zu haben und sie sprachen ganz ernsthaft und offen darüber. Manche sagten zum Beispiel, Waldemar habe finstere Kräfte, aber Ännchen glaubte es nicht. Als Ännchen Waldemar an seinem kleinen Kartoffelacker ansprach und fragte, wie seine Ernte sein würde, knurrte er nur, aber nicht unfreundlich. Er legte einen Arm um den Ast eines Apfelbaumes, guckte auf den Boden und wartete, dass sie wieder ginge. Ännchen ließ sich Zeit, um ihn in Ruhe zu betrachten, und sie sagte noch dieses und jenes, damit es nicht auffiel. Einiges, das man nur aus der Nähe sehen konnte, überraschte sie an seiner Erscheinung. Er hatte schlanke, elegante Hände und grüne, leuchtende Augen, wie Ännchen sie noch nie gesehen hatte. Wie er da am Baum stand mit seinen schönen Händen und dem glühenden Blick, dachte sie unwillkürlich an das Gemälde eines Pumas in einem Bildband, den sie in Papas Buchhandlung durchgeblättert hatte. Als sie sich schon zum Gehen wandte, sagte Waldemar unvermittelt:

»Bei manchem Wetter habe ich Schmerzen da oben … Die hier in Bredenbock, die sollen sich hier nur in Acht nehmen … Wenn mein Vater noch lebte, sähe es hier anders aus.«

Sie sah ihn fragend an, aber er stieß geschäftig seine Forke in die Erde und sammelte seine Kartoffeln in den Korb. Er sah nicht noch einmal auf.

Tante Anneliese erzählte, die Mutter Waldemars hätte ihn, als er noch klein war, mit einer Schnur an einen Baum gebunden, wenn sie mit ihrem Mann auf dem Feld arbeiten musste. Er sei da wie ein Hündchen herumgekrochen.

Wenn man Krüppel ist, gehört man nicht richtig dazu. War Papa einer? Er war auch sonst etwas anders. Sonst hätte er diese Sache mit den Judensternen etc. vielleicht nicht gemacht. Es ist nicht einfach, den Grund zu erkennen. Sogar bei einem selber nicht, wenn man etwas tut.

Der Sohn des Schmieds hatte beide Hände verloren und nur noch Armstümpfe. Am linken Stumpf steckte ein Eisenhaken, am rechten war bis zum Ellbogen aus starkem Leder eine Vorrichtung mit mehreren Pferdeschnallen angebracht, wo er einen großen Hammer befestigen konnte. Auf diese Weise konnte er arbeiten und sich trotz allem in der

Schmiede nützlich machen. Die Kinder fürchteten sich, wenn sie den Haken sahen. Ännchen ängstigte sich nicht vor ihm, sondern betrachtete ihn gern aus der Nähe. Sie wusste immer einen Vorwand, für Fritsches in die Schmiede zu gehen. Sie fand, außer den fehlenden Händen, nichts Auffallendes an diesem Mann, nur dass sein Blick nie wirklich auf sie gerichtet war, auch wenn sie direkt vor ihm stand und mit ihm sprach. Wie er seine Hände verloren hatte, darüber mochte niemand sprechen. Ännchen fragte Tante Anneliese, aber sie schüttelte nur traurig den Kopf und wischte sich eine Träne aus den Augen. Ännchen fand es nicht heraus.

Das mit den Händen etc. möchte ich unbedingt wissen, denn es hat sicher mit Liebe, Verrat oder Gewalt zu tun. Auch Anna weiß es nicht. Wenn sie es nicht weiß, bekomme ich es vielleicht nie heraus. Ich kann ihn einfach fragen, aber ich traue mich nicht. Es ist nicht einfach, jemanden zu fragen, warum er keine Hände mehr hat.

Ännchen dachte nicht jeden Tag an ihre Eltern, aber sie hatte deswegen kein schlechtes Gewissen.

Eltern sind sowieso immer da, auch wenn sie im Augenblick nicht erreichbar sind. Ob ich sie liebe oder nicht, ist jetzt nicht mehr die Frage. Denn natürlich liebe ich sie ganz normal und vermisse sie, aber ich kann nicht jeden Tag weinen. Ich vermisse unterschiedlich,

schrieb sie in ihr Heft.

Sie weinte nie wegen ihrer Eltern, denn alles, was früher war, entfernte sich schnell. Wenn der Krieg vorbei ist, dachte sie, dann ist es anders und ich werde, wenn einer von ihnen wirklich tot sein sollte, viel mehr trauern. Sie konnte sich diese Zukunft nicht vorstellen und auch nicht, dass es ihre Eltern und Christian nicht mehr geben sollte. Sie wären ganz normal da, wenn sie nach Lüneburg zurückkehrte, das war so gut wie sicher.

Die Eltern ihrer Freundin Anna Chochowa beschäftigten sie manchmal in Gedanken. Sie stellte sich ein russisches Zimmer vor. In ihrer Vorstellung war es warm dort. Sie sah den kleinen Alexander auf dem Boden kriechen und eine Großmutter mit dem Großvater. Alle sah sie ganz genau vor sich. Die Mutter saß am Tisch und nähte die Galoschen für Anna. Zu ihrem Erstaunen entsprach das Bild von Annas Mutter nicht ihren Vorstellungen von einer russischen Frau vom Lande, denn diese Frau war schlank und vornehm gekleidet und hatte ein stolzes Gesicht. Ännchen dachte regelmäßig an diese Leute, weil Anna häufig von ihnen sprach und von ihrer Hoffnung, sie alle bald wieder zu sehen.

Die Bäuerin Gistenbeck hatte zu Anna Chochowa gesagt:

»Du bleibst für immer bei uns. Wenn der Krieg zu Ende ist, dann bist du wie unsere Tochter und darfst in die Schule gehen und in der Küche essen wie wir anderen.«

Anna hatte das nicht gefallen, aber sie hatte nichts gesagt, um die Bäuerin nicht zu verärgern.

Ännchen wusste sicher: Wenn der Krieg vorbei wäre, könnten sie ganz normale Freundinnen sein. Weil sie einander alle geheimen Dinge sagten und sich dabei gut fühlen konnten. Ännchen wäre gerne sicher gewesen, dass es für immer war, aber wie konnte man das wissen? Wenn Anna nach Russland zurückwollte, wäre es schwierig.

Anna sprach manchmal von Sergej, dem Schafhirten mit dem lumpigen Mantel. Er war mit den Tieren den ganzen Tag, auch sonntags, auf den Waldwiesen bei Govelin. Jeden Abend fuhr die Bäuerin Gistenbeck mit dem Fahrrad auf die Weide und kontrollierte, ob Wolle im Stacheldraht hing. Dann bekam Sergej kein Abendessen und manchmal Prügel.

Anna aß alleine in der Waschküche oder an einem kleinen Tischchen auf dem Flur. Man gab ihr meistens satt zu essen und sie brachte manchmal Sergej etwas davon in die Scheune. Das durfte niemand wissen, aber sie erzählte es Ännchen. Wenn sie selbst nicht satt wurde oder Sergej Hunger hatte, nahm sie Essensreste aus dem Hundenapf, in dem sich häufig auch Kuchen befand.

»Wenn ich noch lange hier bin, verhungern noch die Hunde«, sagte sie zu Ännchen, »die sind schon ganz mager geworden.«

Sergej schlief in der Scheune im Stroh und wusch sich an der Pferdetränke. Er durfte nie ins Haus kommen. Er sei schmutzig und dumm, sagte die Bäuerin Gistenbeck. Die Bauern sahen es nicht gerne, wenn russische oder polnische Arbeiter miteinander redeten.

Bauer Gistenbeck war im Krieg irgendwo in der Ukraine als Soldat. Einmal kam er auf Urlaub, Ännchen sah ihn von weitem. Ein schweigsamer Mann, der gebückt ging, obwohl er noch ziemlich jung war. Gistenbeck sah Anna Chochowa bei ihrer Arbeit, als er vor die Türe auf den Hof trat. Sie solle in den Stall gehen, wenn er draußen sei, hatte er leise gesagt. Dann drehte er sich um. Sonst hatte er nichts zu Anna gesagt.

»Sein Blick war ganz gespenstisch«, erzählte sie am Milchbock, »er schien überhaupt nichts wahrzunehmen.«

Im Hause lebte noch eine Großmutter, die sang manchmal mit Anna Wiegenlieder. Dann durfte sie bei ihr im Wohnzimmer sitzen. Aber es passierte nicht so oft, weil die Bäuerin es nicht gerne sah.

Fast in jeder Familie hier ist etwas, das nicht normal ist (Hexerei, der brutale Mann vom Surkenhof, Wildern, Verzauberung, verlorene Hände, Buckel etc), nur bei Fritsches nicht. Außer dem toten Arm. Und dem roten Dieter von geheimnisvoller Herkunft. Und dass Ännchen Schwalbe bei ihnen lebt. Und dass Fritsche Ortsbauernführer ist und seine Frau ganz klein und dick, er aber groß und schlank ist. Das reicht schon für nicht normal. Vielleicht sind alle Menschen/Familien ungewöhnlich und nicht normal, wenn man es genau betrachtet, schrieb sie in ihr Heft.

9. Hier ist kein richtiger Krieg, er findet nur in den Gesprächen der Leute und in den Zeitungen statt, dachte Ännchen. Trotzdem hatten die Bauern ihre Keller leer geräumt, um Luftschutzbunker daraus zu machen. Wenn stimmte, was Papa ihr erzählt hatte, würden solche Unterstände nichts gegen die Bomben nützen. Auch die Bunker in Lüneburg waren lächerlich, hatte Papa einmal gesagt, und Betrug an den Menschen. Nur der am Bahnhof sei einigermaßen brauchbar gegen die Bomben.

Ännchen wusste seit einem Ausflug zum Pilzesammeln, dass manche Bauern ihre Wertsachen versteckten. Ihre großen Holztruhen hatten sie im Wald an geheimen Orten vergraben. Ännchen kannte mindestens drei solcher Stellen. Wenn Schnee fiel, verrieten sie sich selbst, weil der Schnee über den Truhen früher schmolz.

Was würde ich vergraben? Ich habe zurzeit nicht viel. Vielleicht dieses Tagebuch? Papa würde hundert von seinen Büchern vergraben, Mama ihr Porzellan vielleicht. Ich meine Puppe natürlich.

Es gab nie Alarm. Manchmal hörten die Leute von Bredenbock die Sirenen von Dannenberg herüber oder von Hitzacker und unterbrachen dann lauschend ihre Arbeit. Die Kinder konnten spielen, wie sie wollten, denn hier war noch nie eine Bombe gefallen. Aber man hatte Angst, es könnte passieren. Die armen Kühe und Pferde, hatte Tante Anneliese gesagt, die wären dann schutzlos.

Niemand wusste, wer den Kippe Kappe geschnitzt hatte. Es fragte auch niemand danach, es gab nur einen davon im Dorf. Der Kippe Kappe war ein Holzstück, fünfzehn Zentimeter lang mit sechs gleichen Seiten, wie ein dicker Bleistift, und angespitzten Enden. Auf jeder Fläche war kunstvoll eine Zahl eingeschnitzt, von Eins bis Sechs, in römischen Ziffern. Man musste sie lernen, um mitspielen zu können. Das Holz war inzwischen dunkel und abgegriffen, aber es war immer noch ein Wunderwerk und unzerstörbar. Vielleicht war es sehr alt und man hatte schon vor vielen Jahren damit gespielt, als die Alten noch Kinder waren.

Die Kinder spielten selten Kippe Kappe. Ännchen wusste nicht warum, denn es war das schönste Spiel, das sie kannte. In Lüneburg hatte sie es nie gesehen und nie davon gehört. Die Regeln waren kompliziert und es dauerte, bis Ännchen alle begriffen hatte und sie gleich gut wie die anderen spielen konnte.

Jeder Mitspieler hatte einen Schlagstock, irgendeinen Ast oder eine Latte. Der Kippe Kappe wurde mit einem spitzen Ende auf einen Stein gelegt und der Spieler schlug auf die Spitze. Wenn der Kippe Kappe sich in die Luft erhoben hatte, musste er ihn mit dem Stock treffen und möglichst weit schlagen. Ihn gut zu treffen war schwierig, denn er wirbelte in der Luft herum. Je weiter der Kippe Kappe in die Luft stieg, umso besser für die anderen. Wer ihn auffing, musste ihn sogleich vorzeigen. Die Zahl, die oben lag, wurde verdoppelt und diese Punkte hatte er gewonnen. Einen Teil der Punkte bekam der Schläger. Fiel der Kippe Kappe auf den Boden, wie es meistens passierte, gewann der Schläger die unten liegende Zahl und sonst niemand etwas. Und auch die Schritte wurden angerechnet, vom Abschlag bis zur Stelle, wo er die Erde berührt hatte oder ihn jemand fangen konnte. Den Kippe Kappe zu fangen war nicht so einfach und gelang selten.

Das Spiel dauerte an Sonntagen manchmal viele Stunden und alle waren erhitzt von der Aufregung. Manchmal spielten sie bis weit in die Felder hinein und einmal bis zur Landstraße nach Dahlenburg, ohne dass sie es merkten. An Arbeitstagen wurde nur selten gespielt, weil jeder seine Arbeit hatte. Der Gewinner durfte den Kippe Kappe mit nach Hause nehmen, bis zum nächsten Spiel.

An einem Sonntagnachmittag im Herbst 1944, die Wege lagen voller Strohreste von den Erntewagen, spielten sie am Dorfausgang, wo der Friedhof lag und der Feldweg nach Govelin abbog. Über die Steinmauer hinweg in den Friedhof zu schlagen war verboten. Es bringt Unglück, sagten manche. Man konnte leicht in die andere Richtung schlagen, denn die Felder waren schon abgeerntet. Die Kinder hatten vom Spiel rote Gesichter und zerzauste Haare. Der Kippe Kappe wirbelte hoch, als die kleine Gestalt mit dem langen lumpigen Militärmantel um die Ecke der Leichenhalle bog. Sergej sprang in die Luft und fing das Holz. Mit einem Lächeln ging er auf Ännchen zu und hielt ihr die obere Zahl hin. Eine Sechs. Die Schafe kamen hinter ihm her.

»Der kann ja kein Deutsch«, sagte ein Junge, »der ist schon so lange hier und kann kein Deutsch, der Russe.«

Sergej legte den Kippe Kappe in Ännchens Hand. Sie hatte sein Gesicht bis zu diesem Augenblick noch nie von nahem gesehen. Der war noch ein Junge! Fast ein Kind! Er hatte saubere Hände und ein lustiges Blinzeln in den Augen.

Anna Chochowa stand wie immer am Hoftor und hatte zugesehen, sonntags arbeitete sie weniger. Sie durfte niemals mitspielen, weil die Bäuerin es nicht erlaubte. Die Dorfkinder hätten sie mitspielen lassen, dachte Ännchen.

Sergej ließ die Schafe an sich vorbeiziehen, denn sie kannten den Weg in den Stall. Ännchen sah ihm nach. Er redete mit Anna am Hoftor. Sie hätte gerne gewusst, was sie miteinander sprachen.

Es kam der zweite Winter, den Ännchen in Bredenbock verbrachte.

»Wenn der Krieg vorbei ist«, sagte Tante Anneliese, »dann kannst du nach Dannenberg in die höhere Schule. Es wird alles gut und du holst auf, was du versäumt hast. Du bist ja ein kluges Mädchen.«

An einem der ersten Februartage, Tante Anneliese hatte

mit Ännchen schon den Weihnachtsbaum aus dem Wohnzimmer entfernt, fuhren zwei Lastwagen, vier Kübelwagen und ein Panzer auf den Hof von Bauer Fritsche, voll mit schweigenden deutschen Soldaten. Sie schliefen eine Nacht lang eng beieinander im Wohnzimmer auf dem Fußboden. Bauer Fritsche unterhielt sich vor der Türe leise mit dem Offizier. Ännchen hörte ihre Stimmen noch, als sie schon im Bett lag. Am Morgen ganz früh rollten die Soldaten ihre Decken zusammen. Einige weinten. Keiner von ihnen redete viel oder lachte. Ännchen wusste nicht, warum sie weinten. Die Soldaten hatten es eilig und der Offizier trieb sie mit leiser Stimme an. Tante Anneliese hatte ihnen Kaffee gekocht und holte Schinken aus der Kellerkammer. Den besonders jungen Soldaten steckte sie wortlos ein Stück Wurst in die Uniformtaschen, eilig mit Papier umwickelt. Ännchen sah, dass sie sich heimlich mit der Schürze Tränen abwischte. Die Männer standen am Küchentisch, aßen hastig und tranken ihren Kaffee. Dann liefen sie zu ihren Fahrzeugen. Auf dem Hof blieben tiefe Panzerspuren im Schnee zurück.

Am gleichen Tag, einige Stunden später, fuhr ein Soldat mit einem Motorrad auf den Hof. Er bockte die Maschine auf, ließ den Motor laufen und sprach mit dem Bauern. Er fuhr bald wieder und Ännchen sah ihn auf dem Weg nach Tollendorf. Der Mann hatte einen Totenkopf auf dem Kragen seiner Uniform gehabt.

Beim Abendessen ließ Onkel Willi sein Messer plötzlich sinken, sein Gesicht wirkte niedergeschlagen.

»Am Montag holt die SS alle Fremdarbeiter und bringt sie weg. Wer weiß, was sie mit ihnen machen.«

»Die armen Männer«, sagte Tante Anneliese und schob ihr Brot beiseite. Sie weinte und putzte sich mit der Schürze die Augen. Der Bauer legte eine Hand auf ihren Arm.

»Ich kann da wohl nichts machen«, sagte er und ging im Zimmer auf und ab.

»Wo bringen sie die armen Geschöpfe hin?«, fragte die Bäuerin.

»Na, wohin wohl«, sagte er bitter und Ännchen dachte, dass es etwas Schlimmes sei.

»Auch die Frauen?«, fragte die Bäuerin.

»Nur die Männer. Es sind fünf in Bredenbock. Ich musste ihm alle Namen nennen. Und die Höfe. Ich sei für alles verantwortlich, hat er gesagt.«

Sie aßen schweigend ihr Abendbrot. Sogar der kleine Dieter sagte nichts. Ännchen betrachtete heimlich das Gesicht des Bauern. Er sieht bedrückt aus, dachte sie. Er hat Mitleid mit den Fremden.

Als Tante Anneliese den Tisch abräumte, holte der Bauer einen Zettel hervor.

»Das liegt mir auch noch auf der Seele«, sagte er, »die Gefallenen aus Bredenbock ...« Er las die letzten Meldungen vor.

»Karl-Heinz Koopmann, Wilhelm Glühe, Heinrich Springmann, Gustav Springer, Alfred Völkner ...«

»Hör auf«, sagte Tante Anneliese, »das ist zu viel für das Kind.«

Onkel Willi steckte das Papier ein, stand auf und zog seine Jacke an.

»Ich muss es den Leuten sagen«, murmelte er, »wie ein Todesengel komme ich mir vor. Sie haben schon Angst, wenn sie mich abends über den Dorfplatz gehen sehen.«

10. Ännchen hatte Mitgefühl und Bewunderung für Bauer Fritsche. Sie spürte sogar eine Art Vertrautheit mit ihm, seit sie von der Geschichte aus der Gaststätte in Govelin gehört hatte. Er ist keiner von den schlimmen Nazis, dachte sie, das würde auch Papa sagen.

Tante Anneliese erzählte ihr beim Einstampfen der Schweinekartoffeln von einem Ereignis im vergangenen Sommer. Bauer Fritsche war mit den fünf Zwangsarbeitern aus Bredenbock unterwegs gewesen, um mit ihnen den Waldweg nach Govelin zu richten. Die Männer trugen Schaufeln und Spaten. Bei solchen Unternehmungen war es der deutschen Aufsicht verboten ohne Waffe zu sein. Bauer Fritsche trug nie eine Waffe, auch nicht an diesem Tag.

»Ich wüsste nicht, warum ich eine Pistole brauche«, sagte er zu seiner Frau und sie lächelte nur und tätschelte ihm die Wange.

Ännchen hatte die Geschichte später noch einmal von Anna Chochowa gehört, und die Geschichte war genau so, wie Tante Anneliese sie erzählt hatte. Das war nicht immer so, meistens waren Geschichten verändert, wenn andere sie erzählten.

Nach den anstrengenden Arbeiten am Waldweg war

Bauer Fritsche mit den drei Russen und den beiden Polen gegen Abend in den Gasthof von Govelin gegangen und hatte für alle Bier bestellt. Die Männer saßen stumm auf den Bänken an der Wand am Eingang. Fritsche stand an der Theke, um das Bier zu holen.

»Fremdarbeiter dürfen hier nicht rein«, sagte der Wirt, »die können ihr Bier draußen trinken.«

Fritsche hatte zornig geantwortet:

»Ich hab den ganzen Tag mit ihnen gearbeitet. Also trinke ich auch mit ihnen. Mich siehst du in deiner Kneipe nicht wieder. Merk dir das!«

Er klemmte drei Bierflaschen unter seinen kraftlosen Arm und nahm drei weitere mit seiner großen rechten Hand. Sie setzten sich draußen auf den Bordstein unter die Birke und tranken ihr Bier. Die leeren Flaschen zertrümmerten sie und ließen die Scherben achtlos vor der Türe liegen.

Die Zwangsarbeiter von Bredenbock sprachen fast alle ein bisschen Deutsch. Nur Sergej angeblich nicht. Er konnte »Guten Tag« sagen oder »In Ordnung«. Mehr wohl nicht. Von Sergej sagte man allgemein, er sei zu dumm, um eine fremde Sprache zu lernen.

Am Montag würde die SS alle abholen.

Es war Donnerstag. Überall lag hoher Schnee und die Luft war eisig. Ännchen lag wach in ihrem Bett. Ihr Gesicht war kalt, aber sie fror nicht, denn die Decke wärmte sie gut. Die Fensterscheiben waren vereist. Sie bewegte ihre Füße, damit sie noch wärmer würden. Sie konnte trotzdem nicht einschlafen. Sie zündete eine Kerze an und nahm aus der Nachtkonsole ihr Tagebuch:

Gut, dass sie Anna nicht abholen. Und wenn doch? Aber Sergej. Das ist etwas anderes, denn ich kenne ihn nicht so gut. Anna kennt ihn gut. Was mache ich bloß?

Sie schlief unruhig in dieser Nacht. Am nächsten Morgen schob sie die Milchkarre durch hohen Schnee auf den Dorfplatz, die meisten Kannen standen schon auf dem Bock.

Als Anna kam, sagte sie ihr hastig, dass man alle Fremdarbeiter abholen würde, nur die Männer. Auch Sergej würde man abholen.

»Wer holt sie ab?«, fragte Anna.

»Die SS.«

»Das ist das Schlimmste«, sagte Anna, »sie bringen sie alle um!« Sie begann zu weinen.

»Beruhige dich doch. Es darf keiner merken, dass du es weißt. Vielleicht wird es nicht so schlimm, wie du glaubst. Dich holen sie nicht.«

»Wenn SS, dann wird es schlimm. Sie holen Sergej«, schluchzte Anna.

Ännchen stand im Schnee und ihr wurde kalt.

»Er soll weglaufen«, sagte sie, »der Bauer Fritsche sagt, bald ist der Krieg zu Ende. Vielleicht kann er nach Russland laufen. Oder im Wald warten, bis der Krieg zu Ende ist.«

»Russland ist zu weit. Es ist Winter und sehr kalt. Er hat nichts zu essen, er hat gar nichts«, sagte Anna Chochowa und weinte immer noch, »und wer weiß, ob der Krieg wirklich bald zu Ende ist.«

»Das hat der Bauer gesagt, und dass die Deutschen ihn verlieren würden.« Ännchen spürte, dass sie rot wurde, als sie das sagte.

»Das glaube ich nicht.«

»Doch, das hat er gesagt. Es sei alles bald zu Ende«, sagte Ännchen.

Sie schwiegen. Sie hatten nicht viel Zeit, um über die Angelegenheit zu reden, denn beide mussten an ihre Arbeit.

»Sie kommen erst am Montag. Heute ist Freitag. Wir reden morgen weiter, ja?«, sagte Ännchen und ging auf den Fritsche-Hof zurück.

Ännchen arbeitete an diesem Tag schweigsam und verbissen. Sie sortierte freiwillig faule Kartoffeln aus einem großen Haufen in der kalten Scheune, um allein zu sein, bis Fritsches abfuhren. Sie wollten nach Hitzacker und würden erst zum Melken wieder da sein. Den kleinen Dieter nahmen sie mit.

Als der Pferdewagen hinter Tollendorf verschwunden war, verschloss Ännchen die Scheune und ging ins Haus. In der Küche wusch sie mit langsamen Bewegungen ihre Hände unter der Pumpe. Anschließend blieb sie still am Küchentisch sitzen, sie war unentschlossen. Sie versuchte klare Gedanken zu fassen, genauer das zu planen, was sie sich vorgenommen hatte. Es gelang nicht, jeder neue Gedanke verwirrte sie. Aber sie würde wahrscheinlich etwas tun. Das Vorhaben näherte sich mit jeder Minute, ohne dass sie es in seiner Tragweite erfassen konnte. Ich werde nie klug genug sein, dachte sie, aber ohne jenes Bedauern, das sie früher immer überfallen hatte. Sie gab es auf, sich über alle Einzelheiten Rechenschaft abzulegen. Sergej braucht, wenn er flüchtet, warme Kleidung und etwas zu essen, daran konnte sie sich halten. Alles andere wird sich finden, dachte sie, ich kann es später auch noch entscheiden.

Sie nahm einen leeren Kartoffelsack aus der Kellerkammer und stieg hoch zur Räucherkammer. Sie nahm drei Dauerwürste aus den hinteren Reihen. So würde es nicht auffallen, dachte sie mit durchaus klarem Kopf. Sie fand in einer Truhe auf dem Speicher abgelegte Kleider des Bauern, wählte sorgsam ein paar Stücke aus und stopfte sie in den Kartoffelsack, ein Hemd, eine Hose und eine Jacke. Sie füllte eine Aluminiumflasche, die nie jemand benutzte und in einem Regal herumstand, mit Milch. Sie nahm eines der großen Brote aus der Kammer. Sie hielt zehn Mark unschlüssig in der Hand, das Geld hatte ihr die Bäuerin beim Martinsfest geschenkt. Sie legte den Schein in den Sack, kramte ihn aber wieder hervor und steckte ihn in ihre Schürze. Sie konnte in Ruhe überlegen und planen, Zeit hatte sie genug. Das war ein Glück, fand sie, ohne weiter darüber nachzudenken. Die Sachen einzupacken war einfach gewesen, aber es blieb ja noch so vieles! Was eigentlich? Sie stand unschlüssig vor der Türe der Kellerkammer, öffnete sie. Da stand eine Schüssel mit Eiern, ein Topf mit Gemüsesuppe, ein Teller mit Sülze. Das wäre alles nicht tauglich für jemanden, der auf der Flucht war. Sie schloss die Türe und sah in den Küchenschrank. Zucker, Mehl, Backpulver, Grieß. Sie ging ins Wohnzimmer.

In der guten Stube suchte sie unter den wenigen Büchern Fritsches nach einem Atlas, um nachzusehen, wie weit Russland entfernt war. Sie fand keinen. Unzufrieden ging sie noch einmal in die Küche. Die Sachen zusammenzusuchen hat ja nur fünf Minuten gedauert, dachte sie enttäuscht. Die Lebensmittel werden Sergej über die erste Zeit helfen, dachte sie. Dann muss er sich allein durchschlagen.

Sie zog ihren Mantel an, legte den Sack auf die Milchkarre, fasste den Griff und ging aus dem Dorf am Friedhof vorbei auf Govelin zu. Niemand, der sie sah, würde sich darüber Gedanken machen.

Am Jägerhochsitz, auf halbem Weg nach Govelin, stellte sie die Milchkarre ab und sah sich um. Sie war allein, niemand konnte sie hier sehen. Sie zerrte den Sack die steile Leiter hoch in die kleine geschlossene Kanzel. Sie musste sich anstrengen und war verschwitzt, als sie es geschafft hatte. Es war eisig kalt, alles würde vielleicht einfrieren, aber sie wusste keinen Ausweg. Sie konnte erst am nächsten Morgen mit Anna sprechen. Samstagnacht sollte Sergej fliehen. Am Sonntag fiel es vielleicht nicht weiter auf, wenn er nicht auftauchte, und niemand würde Lust haben, ihn zu suchen, dachte sie. Bis die Polizei oder die SS kam, wäre er vielleicht schon in Russland. Oder wenigstens weit weg. Wenn er vorher erwischt wird, geht es ihm sicher schlecht, dachte sie. Er braucht nur den Mund aufzumachen und sie merken, dass er ein Russe ist.

11. Anna Chochowa konnte sie vertrauen, da war sie ganz sicher. Dass alle Russen zurück in ihre Heimat und zu ihren Familien wollten, wusste sie von Anna. Also würde auch Sergej fliehen. Es sei nicht schön, in der Fremde zu leben, wenn man es nicht selbst wollte. Als Anna das gesagt hatte, fühlte Ännchen ein Bedauern, weil Anna fortwollte. Dann würde später aus ihrer Freundschaft vielleicht nichts werden können, dachte sie, wenn Anna in Russland und sie in Deutschland wäre. Konnte man Freundinnen bleiben, wenn man weit entfernt voneinander lebte?

Sie wünschte, sie könnte sich mit jemandem beraten, mit ihrem Bruder Christian vielleicht. Oder mit Papa. Würde Christian eine gute Idee haben, was aus Anna werden sollte? Oder die Flucht von Sergej? Es wäre trotzdem schwierig. Wie hätte sie das alles erklären können?

Am Samstag vor dem Milchbock hatten sie nur sehr wenig Gelegenheit zu sprechen, weil zwei Bäuerinnen dastanden und redeten und nicht gehen wollten.

Ännchen begleitete Anna bis zum Hoftor und flüsterte. Sergej solle sich nachts die Sachen vom Jägerhochsitz auf dem Weg nach Govelin holen und nach Russland gehen.

Anna Chochowa hatte nichts gesagt und nur genickt.

Dann war sie auf dem Gistenbeck'schen Hof hinter der Scheune verschwunden.

Ännchen fühlte sich den ganzen Tag lang, als hätte sie ein unbekanntes Fieber. Es hämmerte in ihren Schläfen, aber der Kopf war trotzdem ganz normal und nicht heiß. Sie überlegte, ob sie etwas vergessen hatte. Am Abendbrottisch nahm sie heimlich, als Tante Anneliese schon abräumte, ein großes Messer und steckte es in ihre Schürze.

Sie ging auf ihr Zimmer und zog sich in der Kälte aus. Tante Anneliese hatte ihr einen heißen Ziegelstein, verpackt in ein Tuch, ins Bett gelegt. Sie wurde schnell warm, aber sie schlief nicht ein. Sie zündete die Kerze an, auf den schiefen Wänden tanzten die Schatten. Ich würde Anna nicht gern verlassen, Fritsches auch nicht, dachte sie. Sie überließ sich den Gedanken, die ihr ohne ihr Dazutun im Halbschlaf durch den Kopf gingen. Das Bild eines kleinen Kerlchens mit dem langen Mantel allein im Schnee mit einem Sack auf dem Rücken sah sie vor sich. Schlafende Soldaten auf dem Fußboden bei Fritsches, die bedrückte Stimmung bei der Abfahrt. Hatten sie Angst gehabt? Sie waren ja bewaffnet, oder?

Das alles verwirrte sich zu undeutlichen Bildern. Die Kerze brannte langsam herunter.

Sie wusste nicht, wie spät es war. Sie hatte vermutlich nicht geschlafen, war sich dessen aber nicht sicher. Die Kerze war erloschen, sie machte das Licht an. Draußen stand ein heller Mond am Himmel, manchmal verdeckt von vorüberziehenden Wolken.

Sie zog den dicken Pullover an, den Tante Anneliese ihr gekauft hatte, schlüpfte in ihren Mantel, umwickelte das Messer mit einer Zeitung und steckte es in die Tasche. Sie versuchte das Fenster zu öffnen, aber es war eingefroren. Sie durfte keinen Lärm machen. Sie hauchte gegen das Fensterschloss und die Ritzen und versuchte es wieder. Es krachte ein wenig, als es sich öffnen ließ. Sie lauschte, ob sich im Haus etwas rührte. Bevor sie das Zimmer durch das Fenster verließ, drehte sie sich noch einmal um. Sie nahm ihr Tagebuch aus der Schublade der Nachtkonsole, riss die beschriebenen Seiten heraus und legte das Heft zurück. Die Blätter zerriss sie in kleine Stücke und stopfte sie tief in ein Mauseloch neben der Türe, bis nichts mehr zu sehen war. Ich werde mich auch so an alles erinnern, dachte sie.

Sie überquerte den Hof und den Dorfplatz. Der schwarze Hund hatte sich nicht gerührt. In zwei Fenstern war noch Licht und einmal bellte entfernt ein Hund. Der Schnee knirschte unter ihren festen Schuhen. Sie schlug den Weg nach Govelin ein. Im Wald war es dunkel und sie musste aufpassen nicht zu stolpern.

Alles war still. Sie sah das dunkle Gerüst des Hochsitzes im Licht des Mondes, der Schnee glitzerte kalt auf den verschneiten Tannenzweigen. Sie sah sich um. Als sie die Leiter hinaufstieg, spürte sie die Kälte des Holzes durch ihre Handschuhe. Sie öffnete die Türe zur Kanzel.

Der Sack lag an der gleichen Stelle, wo sie ihn hingelegt hatte. Sie erschrak, fasste den Sack, um sicher zu sein, stolperte die Stufen hinab. Sie versuchte nachzudenken. Vielleicht war es noch nicht Mitternacht, vielleicht würde Sergej gar nicht vom Hof weglaufen können. Vielleicht hatte sie etwas falsch gemacht. Sie setzte sich ratlos auf die untere Stufe der Leiter und wünschte weinen zu können. Sie hatte es nicht richtig angestellt. Oder hatte Anna sie nicht verstanden? Sie fühlte sich verlassen und da war auch eine fremde Leere in ihr, die sie nicht kannte.

»Ist sonst noch jemand hier?«

Sie schrie leise auf vor Schreck, ihre Kopfhaut spannte sich. Vor ihr stand Sergej mit einer Pistole in der Hand. Sein Gesicht konnte sie im Schatten nicht sehen, aber dass seine Hand zitterte und dass die Pistole auf den Boden gerichtet war.

»Nur ich«, sagte sie leise.

»Weiß sonst jemand von den Sachen da oben?«, fragte er ebenso leise.

Sie schüttelte den Kopf.

»Warum bist du hierher gekommen?«, hörte sie seine Stimme aus dem Dunkeln.

Sie wusste es nicht und schwieg. Was hätte sie sagen sollen?

»Sag schon!«, forderte er sie mit ruhiger Stimme auf. Ihre Antwort kam leise und stockend, so als suche sie nach Worten oder als würde sie die Antwort erst jetzt erfinden.

»Ich dachte ... du kannst kein Deutsch, du kannst nicht alleine flüchten ... Außerdem bist du noch fast ein Kind. Du brauchst Hilfe, sonst kriegen sie dich.«

Er schwieg, sie konnte sein Gesicht noch immer nicht erkennen, weil es im Schatten lag. Er stand da selbst wie ein Schatten und bewegte sich kaum.

»Du hörst doch, dass ich Deutsch kann«, sagte er schließlich langsam.

»Das wusste ich nicht«, sagte sie.

Sergej stampfte mit seinen Schuhen im Schnee, um sich zu wärmen. Sie sah ihn schwarz und dunkel vor sich. Sie schwiegen. Ännchen wusste, dass es an ihr war, Erklärungen abzugeben, aber ihr fiel nichts mehr ein.

»Wenn du mitgehst, ist es gefährlicher«, sagte er.

»Sie merken sofort, dass du ein Russe bist. Dann bringen sie dich um, wenn sie dich finden«, erwiderte sie.

»Wenn ich mit einer Deutschen aufgegriffen werde, bringen sie mich erst recht um«, sagte er und einen Augenblick lang fiel ein silbernes Licht auf sein Kindergesicht. »Wenn eine Deutsche mit einem Russen flüchtet, werden sie hinter uns her sein. Was denkst du denn! Also geh nach Hause.« Er bemühte sich freundlich zu sein, aber in seiner Stimme lag etwas Ärgerliches.

»Ich könnte dir helfen. Wenn du sprichst, merkt man, dass du ein Russe bist.«

»Ich rede mit niemandem«, sagte er.

»Ohne zu reden kann man nicht überleben.«

Ännchen saß immer noch auf der unteren Stufe des Hochsitzes. Sie fror. Auch viel später hätte sie nicht erklären können, warum sie nicht einfach auf den Fritsche-Hof zurückgekehrt war. Es wäre einfach gewesen. Sie hatte nicht wirklich vorgehabt, den Russen zu begleiten, nur einmal ganz kurz daran gedacht, aber jetzt war sie sicher.

Sergej war schweigend stehen geblieben. Schließlich steckte er die Pistole in die Tasche seines Mantels und stieg die Leiter zum Hochsitz hinauf. Mit dem Sack auf dem Rücken kehrte er zurück.

Er schüttete alles auf den Boden in den Schnee. Er steckte die Würste in die Manteltaschen und schob die Flasche unter seinen Gürtel. Die Kleidungsstücke rollte er zu einem Bündel, zog Fäden aus dem Kartoffelsack und schnürte es.

»Komm«, sagte er, »wir müssen bei Nacht gehen. Wenn es nicht bald wieder schneit, finden sie unsere Spuren sowieso. Sie suchen mit Hunden, verstehst du? Dagegen kann man nichts machen. Aber vielleicht haben wir Glück.«

Sie gingen durch ein kleines Waldstück. Bredenbock lag im Dunkeln, von Tollendorf herüber sahen sie schwache Lichter. Sie gingen über die Felder, in weitem Bogen an Tollendorf vorbei und auf die tiefen Wälder zu, wo es, wie Ännchen wusste, nur noch wenige Dörfer gab. Es war beschwerlich, auf den Feldern zu gehen. Die gepflügte Erde war gefroren, Ännchen fiel ein paar Mal und es tat weh. Schweigend wartete Sergej, bis sie sich aufgerappelt hatte. Sie war froh, als sie wieder den Wald erreichten. Hier konnte man leichter gehen, auch wenn es dunkel war. Ihre Schritte waren leise. Nur manchmal knackten Äste unter den Schuhen. Der Russe ließ sie vorangehen und sie überlegte, ob er misstrauisch war.

»Ich bin keine, die andere verrät«, sagte sie.

Er schwieg, richtete seinen Blick unruhig zum Himmel. An jeder Biegung des Weges hielt er das Mädchen an und schaute sich um wie ein wachsamer Fuchs. Schließlich blieb er stehen und sagte, als habe er lange nachgedacht:

»Du bist eine Deutsche, oder?« Sie nickte. Er sah sie ratlos an.

»War das Annas Idee, dass ich flüchten soll?«, fragte er.

»Nein«, sagte sie und erzählte von dem Abendgespräch am Tisch bei Bauer Fritsche und dass sie es Anna erzählt hatte.

»Fritsche ist ein guter Mann.« Die letzten Worte hatte er vor sich hin gemurmelt. Sie wusste nicht, was er damit meinte und ob ihnen das helfen würde.

Sie zog das Messer aus dem Mantel und zeigte es, als brauche sie noch einen Beweis für ihre Zuverlässigkeit. Er nickte und gab es ihr zurück.

»Ich habe die Pistole, du das Messer!«, sagte er und lächelte.

Es begann in dichten Flocken zu schneien. Ihre Mütze und sein Hut waren bald bedeckt und das Gehen wurde im höheren Schnee beschwerlich. Als der Morgen schon dämmerte, schmerzten Ännchen die Füße und sie fühlte sich erschöpft.

»Wir können nicht bis Russland gehen«, sagte er plötzlich und blieb stehen. »Wenn der Krieg nicht bald zu Ende ist, finden sie uns. Oder weißt du, wo wir uns verstecken können? Vielleicht in einer Stadt? Bei Verwandten von dir, die uns nicht verraten?«

Ännchen sah ihn nachdenklich an und schüttelte den Kopf.

»Hier habe ich keine Verwandten. Nur in Ostpreußen.«

»Wir kommen nicht mal über die Elbe«, sagte er. »Weißt du, wie weit Russland ist?«

Er lachte und ging weiter. Ratlos folgte sie ihm.

»Woher weißt du das?«, fragte sie.

»Ich bin schon siebzehn, aber die Deutschen haben es nicht herausbekommen. Ich habe immer gesagt, ich sei dreizehn. Sie haben es geglaubt, weil ich so klein bin.« Er lachte wieder. »Ich kann auch Deutsch und sie wissen es nicht. Alle im Dorf haben gesagt, ich sei dumm. Sollen sie mich ruhig für dumm halten! So konnte ich ihnen besser aus dem Weg gehen. Manchmal muss man sich dumm stellen.«

»Woher hast du die Pistole?«, fragte Ännchen.

»Von Anna. Sie hat sie geklaut«, sagte er und schritt schneller aus. Es wurde heller und ein Waldrand kam in Sicht. Der Schnee war noch dichter geworden und sie konnten kaum zehn Meter weit sehen.

Sergej bedeutete ihr mit einer Handbewegung, unter den Bäumen auf ihn zu warten, und machte sich an einem Heuschober zu schaffen. Ännchen blieb im Schatten und wusste zuerst nicht, was er wollte. Er wühlte sich hinein, bohrte ein tiefes Loch. Eine Zeit lang hörte sie sein Schnaufen und dann war er ganz verschwunden. Mit den Füßen voran kam er wieder zum Vorschein.

Er hatte im Innern des Heuschobers einen Raum ausgeweitet und forderte sie auf hineinzukriechen. Es roch sti- ckig und sie hatte Angst, keine Luft mehr zu bekommen.

»Keine Sorge«, sagte er, »wenn wir erst einmal drin sind, sorge ich für Luft.« Sie krümmte sich in eine Ecke und hörte im Dunkeln, wie er arbeitete und schnaufte. Als das Ra- scheln endlich aufhörte, war sie schon eingeschlafen.

12. Benommen von ihrem Schlaf im Heu kroch Ännchen ins Helle.

»Es ist noch nicht dunkel genug«, sagte Sergej. Er stand auf dem Feld und wusch sich mit Schnee das Gesicht. »Bleib drin, da kann uns nichts passieren. Wir gehen erst in einer Stunde weiter.« Sie hatte brennenden Durst und er zeigte auf den frischen Schnee. Sie lutschte davon und wusch sich das Gesicht, um ganz wach zu werden.

»Das ist besser«, sagte er und hielt ihr die Flasche mit Milch hin. Sie trank gierig, denn der Schnee hatte nicht viel geholfen gegen den Durst. Sie saßen schweigend in ihrer Höhle und starrten auf das schwache Licht, das durch das Loch fiel. Sie kauten ein Stück Brot und Sergej schnitt Scheiben von der Wurst ab. Ännchen konnte ihn kaum sehen. Sie wollte ihre Beine bewegen, aber es war zu eng. Als sie Schüsse in der Nähe hörten, rührten sie sich nicht, sie horchten lange. Irgendwo heulte ein Motor auf, dann war Stille.

»Vielleicht eine Militärstreife«, sagte er und sie dachten das Gleiche. Vielleicht suchte man sie schon. Sie schwiegen.

»Hast du Papa und Mama?«, fragte er. Sie wusste nicht so recht, wie sie anfangen sollte.

»Ja sicher! Mein Papa hat eine Buchhandlung in Lüneburg. Er macht immer komische Sachen für die Schaufenster. Schreibt Gedichte auf große Plakate oder Suchbilder.«

»Das gefällt mir«, sagte er, »vielleicht studiere ich später mal. Und deine Mutter?«

»Mama macht alles zu Hause. Sie ist ziemlich fromm und geht jeden Sonntag in die Kirche.«

»Manche Deutsche glauben an Gott«, sagte er. Sie verstand nicht, was er damit meinte, und sie antwortete nicht. Überall gab es in Deutschland Leute, die an Gott glaubten und in die Kirche gingen. Das hatte sie in Mamas Zeitschrift gelesen und von ihr gehört. Auch die Kirche in Lüneburg war Weihnachten immer überfüllt. Sogar Papa ging Weihnachten in die Kirche.

Sie brachen auf und gingen eine Stunde lang am Waldrand entlang. Sie müssten nach Nordosten, sagte er, hier hätte die Elbe keine Brücken, aber in der Nähe von Hamburg vielleicht. Oder bei Lüneburg?

Ännchen schüttelte den Kopf.

»Ich weiß nicht genau. Bei Lüneburg aber nicht.«

Kein Mond stand am Himmel, sie stolperten bald über Erdbrocken, fielen in Schneelöcher oder über Balken und blieben in verschneiten Zäunen hängen. Ein Dorf kam in Sicht und sie schlugen wieder den Weg in den Wald ein, um es zu umgehen. Sergej ging voran, die Hände tief in den Manteltaschen vergraben. Stundenlang tat er so, als wäre sie nicht da. So kam es ihr vor, aber es störte sie nicht. Nach langem Schweigen fragte er unvermittelt:

»Kennst du Leute in Lüneburg? Wo wir uns verstecken können?«

»Warum verstecken?«

Er blieb stehen und sah sie böse an.

»Meinst du, wir könnten bis Russland durch den Winter gehen, durch alle Fronten hindurch? Was glaubst du, wie schnell uns die Deutschen schnappen. Oder die Russen.« Er ging langsam weiter und schien zu überlegen.

»Warum bist du weggelaufen? Bist du ein Judenmädchen? Wegen der SS?«, fragte er. Sie hob die Schultern.

»Ich weiß nicht. Ich musste nicht unbedingt weglaufen. Ich dachte, weil du Russe bist. Vielleicht sogar Jude. Wenn sie dich einfangen, was dann ...?«

»Wenn ich Jude wäre, hätten die mich nicht bei den Bauern arbeiten lassen. - Was willst du dann machen, wenn sie uns kriegen? Die Deutschen überreden? Bitte, bitte, tut diesem Russen nichts?«

Sie schwieg einen Augenblick und merkte, dass sie wütend wurde.

»So etwas Blödes brauchst du nicht zu sagen! Zu zweit kann man besser durchkommen. Verstehst du das nicht? Trotzdem gehen wir allen aus dem Weg, wenn wir können. Das ist das Beste!« Sie war unzufrieden mit ihrer Antwort, aber ihr fiel nichts anderes ein. Sie hatte sich nun einmal entschlossen. Musste sie das unbedingt begründen? Sie wusste es selbst nicht genau. Vielleicht ist es eine Dummheit, wie Papa Dummheiten gemacht hat. Oder wie Mama im Luftschutzkeller damals. Das hatte nichts mit ihrer Entscheidung zu tun! Papa und Mama, die hatten es vielleicht nicht richtig angestellt, sonst wäre sie nicht umgekommen und er in einem Lager. Ob vielleicht beide noch lebten? Wenn sie das sicher wüsste, würde sie mit Sergej zu ihnen nach Lüneburg gehen. Die würden sie nicht verraten.

»Wenn meine Eltern noch da wären, würden sie uns helfen«, sagte sie. Sergej schwieg und sie stapften weiter durch den Schnee.

Sie war unsicher, weil er nichts gesagt hatte. Er blieb plötzlich vor ihr stehen und sah ihr ins Gesicht. In seinen Augen war Angst, das sah sie zum ersten Mal. Und etwas, das sie nicht verstand, vielleicht war es Traurigkeit. Aber plötzlich lachte er und sagte:

»Wenn wir uns beide für Juden ausgeben, was dann?«

Ännchen fuhr ihn böse an.

»Darüber solltest du keine Witze machen. Weißt du, was die Deutschen und Polen mit ihnen anstellen?«

»Wieso die Polen?« Er sah sie neugierig an.

»In der Zeitung stand, die Polen würden auch die Juden hassen.«

»Kann sein«, sagte er, »aber sie sind nicht wie die Deutschen. Ein bisschen prügeln vielleicht, wie bei uns zu Hause. Aber sie bringen sie nicht alle um.«

»Juden verprügeln findest du wohl nicht so schlimm, oder?« Sie war stehen geblieben und sah ihn an.

»So habe ich das nicht gemeint«, sagte er und sie gingen weiter.

Sie schwiegen wieder. Ännchen wollte weiterreden, aber

sie wusste nicht was. Sie war plötzlich unsicher. Wenn sie jetzt zurückginge, könnte sie Fritsche sagen, sie hätte sich im Wald verlaufen. Und alles wäre wieder in Ordnung. Der Gedanke verursachte ihr Herzklopfen und sie ärgerte sich über die plötzliche Unsicherheit. Sergej unterbrach sie in ihren Überlegungen und sagte in die Dunkelheit hinein:

»Noch einen Tag und eine Nacht, dann haben wir nichts mehr zu essen.«

»Vielleicht kaufen wir etwas, ich habe zehn Mark.«

Er drehte sich um.

»Also gehen wir in ein Dorf, in einen Kaufladen, und kaufen was. So wie wir aussehen, machen wir uns nur verdächtig. Vielleicht stand schon etwas in der Zeitung.«

»Was soll denn da in der Zeitung stehen?«, fragte sie.

»Na, was denn wohl? Russe hat deutsches Kind entführt.« Er lachte.

»Ich bin kein Kind mehr«, sagte sie ärgerlich. »Wir machen das so: Du wartest im Wald und ich kaufe ein. Ich sehe ja wie eine Deutsche aus, oder?«

»So ungewaschen und ungekämmt siehst du aus wie eine ukrainische Schlampe«, sagte er und lachte. »Auf jeden Fall werden sie Verdacht schöpfen. Sicher steht schon in der Zeitung, dass du weggelaufen bist. Mit einem Russen. Oder dass ein Russe dich entführt hat.« Er lachte vor sich hin. »Dann sperren sie dich sowieso ein.«

»Ich kann mich ja kämmen«, sagte sie, ihre Stimme war trotzig.

Sie gingen auf einem Waldweg. Der Schnee war hartgetreten, so war es einfacher zu gehen. Sergej fand es zu unsicher. »Hier sind viele Leute gegangen. Das ist nicht gut.« Nach einer Pause sagte er:

»Wir müssen an die Elbe und sehen, ob wir rüberkommen. Vielleicht können wir ein Boot klauen. In Ostdeutschland ist schon die Rote Armee, die Russen.«

»Woher weißt du das?«, fragte sie.

»Na, von Anna. Die kriegt alles mit, verlass dich drauf.«

Der Tag dämmerte. Nicht grau und dunkel wie am Vortag, sondern mit einem rosa Licht. Vielleicht würde es einen schönen Tag geben, sagte Sergej.

»Aber nicht für mich, denn ich jedenfalls bin todmüde.«

Sie sahen sich nach einem Heu- oder Strohschober um, vergeblich. Am Rande des Waldes fanden sie einen brüchigen Unterstand für Kühe oder Schafe. Auf dem Boden lag getrockneter Kot. Aus dem Dachgebälk zog Sergej ein Bündel Heu und verteilte es in einer Ecke.

»Das muss reichen. Zieh deinen Mantel aus. Wir brauchen ihn als Decke.« Auch er zog seinen Mantel aus.

»Leg dich hin.« Er breitete beide Mäntel über Ännchen und kroch vorsichtig selbst darunter.

»Vielleicht geht es so«, sagte er und sie versuchte warm zu werden. Sie spürte angenehm die Körperwärme des Jungen. Als Ännchen schon fast schlief, sagte er leise:

»Wir können es uns nicht aussuchen … Über die Elbe kommen wir sicher nicht … Aber vielleicht finden wir einen Keller, wo wir unentdeckt bleiben können … Oder jemanden, der gut zu uns ist … Ist ja jetzt auch egal.«

Sie schliefen bis in den Nachmittag hinein. Eine Polizeistreife mit Hunden war fünfzig Meter von ihnen entfernt vorbeigezogen. Die Männer hatten den verfallenen Schuppen nicht beachtet und die Hunde hatten nicht angeschlagen.

Es war, nach dem Himmel zu urteilen, schon spät und es würde bald dunkel sein. Sie aßen in der Hütte die Reste von Wurst und Brot und löschten den Durst mit dem Rest der Milch. Sie würde sauer werden, hatte Sergej gesagt, besser, sie tränken sie jetzt. Und irgendwann würden sie etwas Warmes zu essen brauchen. Ännchen sah ratlos vor sich hin.

»Hast du eine Idee?«, fragte er und spähte durch die Ritzen der Hütte, um zu prüfen, ob Menschen zu sehen waren. Auf dem verschneiten Acker hockten ein paar Krähen, flogen auf und ließen sich nieder. Es hatte tagsüber, während sie schliefen, etwas getaut, aber jetzt fror es wieder und sie zogen ihre Mäntel eng um sich.

»Am besten, wir gehen bis in die Nähe eines Dorfes. Du bleibst am Waldrand und wartest auf mich. Ich versuche etwas zu finden«, sagte Ännchen.

»Willst du klauen?«

»Ich weiß nicht. Vielleicht. Vielleicht kann ich jemanden finden, der uns zu essen gibt.«

»Was willst du sagen?«, fragte er.

»Kommt darauf an, wen ich antreffe. Ich weiß es noch nicht.«

Nach einer Stunde, es war inzwischen dunkel, sahen sie

die Lichter eines Ortes. Sie konnten nicht erkennen, wie groß er war. Am Waldrand an einem Hochsitz hielten sie an und beschlossen, dass Ännchen in den Ort gehen sollte, während er auf dem Hochsitz wartete.

Sie ging über einen Feldweg auf das Dorf zu. In den Fenstern brannten Lichter. Wenn sie ein Haus finden würde, in dem eine alte Frau alleine wohnte, dachte sie, wäre alles einfach. Alte Frauen holen nicht sofort die Polizei und sind freundlich zu Kindern. Wenn es hier doch einen Pastor gäbe, dachte sie. Aber sie sah keinen Kirchturm. Ein Pastor würde sie nicht so leicht verraten und ihr vielleicht helfen.

Der Dorfplatz war unbeleuchtet, ein schwacher Schein der Fenster fiel auf den Schnee. Ännchens Herz klopfte vor Aufregung und Angst, jeder Schritt über den Platz brachte sie näher an eine unbestimmte Gefahr. Wie sollte sie es anstellen? Sie ging einmal bis zum Dorfausgang, dann wieder zurück. Niemand war auf der Straße, den sie hätte fragen können. Sollte sie irgendwo einfach klopfen? Wenn irgendein Kind auftauchen würde, wäre alles einfacher. Wie spät mochte es sein? Kinder sind im Haus, wenn es spät ist. Nur ich nicht, dachte sie. Sie kratzte sich am Arm. Sie nahm sich zusammen und ging einfach auf einen der Bauernhöfe zu, ging die beiden Steinstufen hoch und pochte an die Tür. Sie spürte, wie das Blut in ihren Schläfen klopfte, sie dachte plötzlich an ihren Bruder und wunderte sich darüber. Aber seltsamerweise gab ihr die Erinnerung auch Sicherheit. In jedem Dorf lebte jemand ganz alleine. Weil so viele Männer und Söhne im Krieg waren. Das war ein Vorteil. Sie musste es schaffen.

Ein Junge, vielleicht sechzehn Jahre alt, kam an die Tür. Er trug die Uniform der Hitlerjugend. Er stand schweigend da, unsicher von einem Fuß auf den anderen tretend.

»Ja?«, fragte er.

»Ich bin vom Roten Kreuz. Kannst du mir sagen, wo hier die Frau wohnt, die ganz alleine lebt? Ich habe ihren Namen vergessen, ich soll ihr helfen und Lebensmittel bringen. Kannst du mir sagen, wo sie wohnt?«

Ännchen steckte ihre Hände in die Manteltasche, damit er nicht sah, dass sie zitterten.

»Das ist Bette Bartels«, sagte er und zeigte auf ein kleines Haus am Dorfeingang. »Da wohnt die!« Aus einem Fenster des Hauses sah Ännchen Licht.

»Natürlich, Frau Bartels«, sagte sie, »schönen Dank. Ich geh dann mal.«

»Wer ist da?«, rief plötzlich eine Männerstimme aus dem Haus.

»Ist schon gut«, rief der Junge zurück. »Nur jemand, der nach Bette Bartels gefragt hat.«

Ännchen unterdrückte die Panik, die sie zu überfallen drohte, als sie die Männerstimme hörte. Es war gut gegangen. Sie ging langsam über den Platz auf den Dorfeingang zu. Sie drehte sich nicht um, der Hitlerjunge sollte meinen, alles sei ganz normal. Als sie die Pforte zum Garten öffnete, blickte sie zurück. Der Junge war verschwunden.

Es war eine umgebaute kleine Scheune, oder ein alter Stall, ein ärmliches Anwesen. Nur aus einem Fenster fiel Licht. Das Fenster hatte keine Gardinen. Das größere Tor war zugemauert, das sah man deutlich, einige Fenster hatte man später ausgebrochen und schlecht verputzt.

Das Haus hatte keine richtige Tür, es war eher eine Stalltür. Ännchen konnte nirgendwo einen Namen lesen. Sie klopfte. Sie hörte eine undeutliche alte Frauenstimme aus dem Zimmer und sah im Fenster Schatten, die sich bewegten. An der Türe hörte sie Geräusche, ein Riegel wurde zurückgeschoben.

Die Frau war offensichtlich im Nachthemd und hatte einen verschlissenen Soldatenmantel darüber angezogen. Sie war dick, ihre Haare hingen strähnig, zu einem Zopf geflochten, an der Seite herab. Sie stützte sich auf einen Stock.

»Komm rein, Mädchen, du wirst ja kalt«, sagte sie und zog Ännchen in den Raum. In der Ecke stand ein Bett, aus dem sie wohl gerade aufgestanden war. Ännchen sah einen Tisch, einen Küchenschrank, einen kleinen Herd, der den Raum wärmen musste, und einen ziemlich alten Sessel. Die Frau schlurfte in ihren Pantoffeln an den Herd, nahm zwei Stücke Holz und legte nach. Sie ging zum Bett, legte den Mantel über einen Stuhl und kroch unter ihre Decke. Ännchen sah ihre nackten weißen Beine. Auf der Bettdecke lag noch eine schmutzige Wolldecke.

»Ich muss mich hinlegen«, sagte die Frau, »ich bin vor einer Woche operiert worden. Mir geht es nicht gut. Setz dich. Was machst du mitten im Winter auf der Straße?«

Ännchen versuchte sich an alles zu erinnern, was sie sich zurechtgelegt hatte. Es gelang ihr nur mit Schwierigkeiten und sie sprach langsam, um keinen Fehler zu machen. Sie war gierig nach der Wärme, die sich jetzt aus dem prasselnden Feuer verbreitete.

»Ich bin nicht von hier«, begann sie, »mein Bruder und ich sind unterwegs. Wir haben unsere Eltern verloren. Im Krieg und beim Bombenangriff auf Gifhorn. Wir haben Hunger. Deshalb habe ich geklopft.«

Die Frau sah sie an. Ännchen fürchtete rot zu werden, aber sie konnte es nicht kontrollieren.

»Wo ist dein Bruder?«, fragte die Frau. Ännchen wusste nicht, ob sie misstrauisch guckte. Sie benahm sich aber ganz normal und ihre Hände lagen ruhig auf der Wolldecke.

»Er hatte Angst, einfach bei Leuten zu klopfen«, sagte sie, »er wartet am Waldrand auf mich.«

»Wie alt ist er, dein Bruder?«

»Ein Jahr jünger als ich. Er kann nicht sprechen, er ist stumm. Ich bin fünfzehn.«

»Und wo übernachtet ihr?«, fragte die Frau.

»Bei Bauern meistens. In der Scheune im Stroh oder im Heu.«

»Das sieht man«, sagte die Frau, schnäuzte sich in ihr Taschentuch, und Ännchen bemerkte, dass sie nur noch wenige Zähne hatte. Ännchen schwieg.

»Man sieht dir an, dass du dich lange nicht gewaschen hast.«

Wieder trat eine Pause ein und Ännchen überlegte fieberhaft, was sie sagen sollte.

»Wie heißt dein Bruder?«, fragte die Frau. Auf ihrer Nachtkonsole lag ein Buch, daneben stand eine angebrannte Kerze.

»Er heißt Christian«, sagte Ännchen schließlich. »Können Sie mir etwas zu essen und Wasser mitgeben? Ich möchte ihn nicht lange warten lassen, damit er keine Angst bekommt.« Sie versuchte zu lächeln, war aber nicht sicher, ob es ihr gelang.

»Wo wollt ihr denn heute noch hin?«, fragte die Frau.

»Nicht mehr weit, vielleicht bis Lüneburg«, sagte sie. Die Frau lachte.

»Bis Lüneburg!« Sie schlug mit den Händen auf ihre Decke. »Und das mitten in der Nacht! Kindchen, das geht nicht. Hol deinen Bruder, ihr schlaft bei mir. Nebenan ist es kalt, aber nicht so kalt wie draußen. Ein paar Strohsäcke habe ich auch noch. Wenn ich den Herd mit Holz und einem Brikett versorge und die Türe auflasse, kommt genug Wärme dahin. Morgen könnt ihr weitergehen. Hol ihn her. Ich mache euch etwas zu essen in der Zeit.«

Ännchen stand auf. Was sollte sie sagen? Dass sie den halben Tag geschlafen hätten? Die Wärme des Herdes machte sie müde. Der Gedanke an warmes Essen und eine Nacht in einem Haus und in der Wärme ließ sie alles andere vergessen.

Die Frau erhob sich aus ihrem Bett, um sie an die Türe zu

bringen. Sie hatte den Mantel wieder um ihre Schultern gelegt.

»Ich lasse den Riegel offen. Kommt einfach rein, dein Bruder und du«, sagte sie und sah Ännchen durch den Türspalt nach. Sie stapfte durch den festen Schnee.

Unter dem Hochsitz rief sie leise. Nichts rührte sich. Sie stieg die Leiter hoch. Sergej war nicht da. Hatte sie sich vertan, war das der richtige Ort? Sie schaute sich um. Warum hatte sie sich die Umgebung nicht besser gemerkt? Sie war den Tränen nahe, stand allein im harten Schnee am Waldrand. Sie sah eine Bewegung hinter den Tannen. Sergej kam auf sie zu, das Bündel unter dem Arm.

Sie erzählte ihm von der alten bettlägerigen Frau und der Möglichkeit, eine Nacht in ihrem Haus zu verbringen.

»Ist sie anständig? Kann man ihr trauen?«, fragte er.

Sie war unsicher. Wie sollte man das wissen?

»Ich habe ihr gesagt, du wärst vierzehn. Und stumm. Dann brauchst du nicht zu sprechen und sie merkt nicht, dass du ein Russe bist. Sie hat es geglaubt. Und dass wir Geschwister sind und die Eltern im Krieg verloren haben.« Sergej sah sie zweifelnd an. Er dachte nach. Vielleicht könnten sie am nächsten Morgen aus ihrem Haus treten, frisch gewaschen, und einfach die Hauptstraße entlanggehen, ganz normal.

»Wenn sie nicht anständig ist, sind wir verloren«, sagte er. »Wir riskieren es. Was sollen wir sonst machen?«

Sie gingen los.

Die Türe war nicht verriegelt und Ännchen öffnete. Einen Flur gab es nicht. Die Frau lag wieder im Bett, hielt ihre Decke mit beiden Händen unter das Kinn und sah ihnen entgegen. Ännchen blieb noch in der Türe stehen, Sergej stand direkt hinter ihr. Sie guckt anders, dachte sie, aber es ist sicher Einbildung. Sie ging voran, Sergej schloss die Türe. Es was zu spät zu flüchten. Hinter der Tür stand ein Mann, den Karabiner im Anschlag.

»Setzt euch«, sagte er. Seine Stimme war rau und unfreundlich. Er schubste sie voran und schloss die Türe, schob den Riegel vor.

»Jetzt wollen wir mal sehen, wen wir da haben«, sagte er und setzte sich auf die Lehne des alten Sessels. Ännchen sah an seiner dicken Jacke kein Parteiabzeichen. Sie wollte versuchen sich irgendwie herauszureden.

»So, raus mit der Sprache, wo kommt ihr her?« Der Mann hatte schmutzige Gummistiefel an den Füßen wie Bauer Fritsche, wenn er die Ställe sauber machte. Ännchen vermutete, dass der Mann ein Bauer war. Vielleicht war er kein Nazi, dachte sie.

»Wir waren bei meiner Tante in Gifhorn zu Besuch. Wir sollten mit dem Zug nach Lüneburg fahren, zu Freunden unserer Eltern. Dann gab es einen Bombenangriff und wir sind gerade noch rausgekommen und zu Fuß weitergegangen, weil der Zug kaputt war. Und seitdem sind wir unterwegs nach Lüneburg. Ist es noch weit bis dahin?«

Der Mann lachte und sah zu Sergej, der auf seinem Stuhl saß. Seine Hände lagen ganz ruhig auf seinen Knien.

»Was ist mit dem?«

»Das ist mein Bruder Christian. Er ist stumm und kann nicht sprechen. Er geht in eine Hilfsschule.«

»Seid ihr auch durch Bredenbock gekommen?«, fragte der Mann und sah Ännchen mit einem lauernden Grinsen an. Sie sah, dass Sergej eine Hand in seine Manteltasche schob, wo die Pistole steckte. Jetzt ist alles zu Ende, dachte sie.

»Was ist Bredenbock? Den Namen habe ich noch nie gehört«, sagte sie, um Zeit zu gewinnen. Sie hoffte, ihre Stimme wäre sicher und überzeugend.

»In Bredenbock ist ein Russe weggelaufen, und ein deutsches Mädchen. Ännchen Schwalbe von Bauer Fritsche. Die Beschreibung passt auf dich«, sagte er und zeigte mit dem Lauf seiner Flinte auf ihren Bauch. »Ich muss euch einsperren, bis morgen oder übermorgen die Polizei hier ist. Das tut mir Leid, aber da führt nun kein Weg dran vorbei, ihr beiden Landstreicher.«

Die Waffe war unentwegt auf sie gerichtet. Ännchen sah zu der Frau in ihrem Bett, als könne sie vielleicht von dort Hilfe erwarten.

Die Alte hatte sie verraten und sie guckte, wie Verräter gucken, wenn sie ein schlechtes Gewissen haben. Auf dem Herd stand kein Essen, sie hatte sofort den Mann mit einem Gewehr geholt. Sie ist nicht anständig, dachte Ännchen.

Sie verließen das Haus und stolperten vor dem Mann her durch den Vorgarten. Sie hörten hinter sich den Riegel, der vor die Türe geschoben wurde. Ännchen rasten panisch Gedanken durch den Kopf. Sie waren verloren, wenn die Polizei oder die Gestapo kam. Was sollte sie tun? Der Mann dirigierte sie mit der Waffe über den Platz. Seine Stimme klang hektisch, so als habe er Angst oder als habe er noch nie die Waffe auf jemanden gerichtet. Er war nicht sehr groß, vielleicht vierzig oder fünfzig Jahre alt. Ännchen sah Sergej nicht an. Sie hatte sie in Schwierigkeiten gebracht, ihn vor allem. Wenn die Polizei käme, würde man sie, Ännchen, zurückbringen nach Bredenbock, schlimmer würde es vermutlich nicht. Aber was würde aus ihm? Sie werden ihn umbringen, dachte sie und erinnerte sich der grausamen Geschichten, die ihr Vater manchmal erzählte. Vielleicht sind sie nicht alle unanständig, dachte sie.

Sie hatten die Mitte des Dorfplatzes erreicht, es war dunkel, Häuser und Bäume sah man nur als dunkle Schatten. Der Platz war von wenigen Lichtern aus den Fenstern beleuchtet.

Da drehte sich Sergej plötzlich um und schlug den Gewehrlauf herunter. Ännchen sah, dass er die Pistole in der Hand hatte. Er stieß dem Mann seine Waffe in den Bauch.

»Lass das Gewehr fallen«, flüsterte er, es hörte sich gefährlich an. Der Mann warf sofort die Waffe von sich in den Schnee und hob beide Arme.

»Knie nieder, sonst bist du tot«, sagte Sergej. Der Mann ging auf die Knie, er zitterte und winselte.

»Nimm das Gewehr und schlag ihm den Schaft auf den

Kopf, aber kräftig«, sagte er hastig zu Ännchen. Sie stand wie erstarrt im Schnee und rührte sich nicht.

»Ich kann keinen umbringen«, sagte sie.

»Du sollst ihn nicht töten, nur bewusstlos schlagen«, sagte er hastig, aber leise. »Los, mach schon. Wir müssen weg, so schnell wie möglich.«

Ännchen nahm das Gewehr. Es war schwerer, als sie gedacht hatte. Sie nahm den kalten Lauf in die Hand und schlug dem Mann zweimal den Holzschaft über den Kopf, so fest sie konnte. Er fiel lautlos um. Sie sah, dass aus seinen Haaren dunkel Blut hervorquoll.

»Komm«, sagte Sergej, er sprach jetzt ganz ruhig, »wir müssen weg, bevor sie ihn finden oder er wieder zu sich kommt.«

Ännchen erwachte langsam wie aus einer Erstarrung. War der Mann tot? Es war keine Zeit, darüber nachzudenken, aber es beunruhigte sie nicht wirklich. Sie warf das Gewehr in den Schnee und lief auf den Dorfausgang zu. Als sie sich umsah, erkannte sie Sergej, der zehn Meter hinter ihr lief, das Gewehr in der Hand. Sie rannten, ohne ein Wort zu sagen, bis sie den Wald erreichten. Die Atemstöße blieben als weiße Wolken hinter ihnen; Sergej lief an ihr vorbei und rief: »Komm, sie werden uns verfolgen, wenn sie ihn finden!«

Ännchen lief hinter Sergej durch einen schmalen Waldweg. Er schien keine feste Richtung einzuhalten, versuchte möglichst viel auf festgetretenen Wegen zu laufen. Vermutlich wegen der Spuren, dachte sie. Wenn sie Hunde hatten, dachte sie, werden sie uns finden. Oder es schneit. Sie betete, es möge schneien, sie betete so heftig, dass ihr Worte aus dem Mund rutschten, als sie die Worte dachte. Sie versuchte sich an Gebete ihrer Mutter zu erinnern, aber es waren nur Bruchstücke, die ihr einfielen. Lieber Gott! Es soll schneien, es soll schneien!

Und es begann zu schneien, erst langsam, dann immer heftiger und dichter. Nach zwei Stunden erreichten sie eine Waldlichtung, Sergej hielt an. Er bückte sich und blieb krumm stehen, um zu verschnaufen. Ännchen fiel vor Erschöpfung in den Schnee. Vor ihren Augen war grelles Flimmern, als habe sie zu lange in ein Feuer gesehen.

»Diese verdammte alte Hexe«, murmelte sie.

»Sie ist nicht schlechter oder besser als die meisten«, sagte er und lutschte eine Hand voll Schnee. Ännchen tat es ihm nach, es war kalt und frisch und sie spürte, wie sich ihr Körper beruhigte. Der Schnee löschte nicht richtig den Durst. Was sollte nun werden? So als habe er ihre Gedanken erraten, sagte er: »Noch eine Nacht draußen. Wir müssen einen Heuschober finden, bevor es hell wird. Dann werden sie uns verfolgen. Vielleicht ist keine Polizei in der Nähe. Die Bauern verfolgen uns nicht, die haben zu viel Angst, aber sie holen die Polizei. Nun wissen sie, dass wir zusammen unterwegs sind.« Er schien nachzudenken, schüttelte aber den Kopf und murmelte etwas vor sich hin.

»Auf jeden Fall sind wir entkommen«, sagte sie. »Ob er tot ist?«

»Glaube ich nicht. Und wenn schon. Er wollte die Polizei holen.«

Sie wunderte sich, dass es ihr gleichgültig war, ob der Mann auf dem Dorfplatz im Schnee starb oder nicht. Sonst hätten sie Sergej umgebracht, dachte sie zufrieden. Sie sah ihn an. Sein Gesicht, das sah sie auch im schwachen Mondlicht, war rot, erregt und erschöpft, sie sah dunkle Ringe unter seinen Augen. Wenn er nie genug zu essen bekommen hat, wird er bald keine Kräfte mehr haben, ging ihr durch den Kopf. Sie wusste von Anna, wie die Bäuerin Gistenbeck ihn behandelt hatte.

»Wir müssen weiter«, sagte sie und nahm seinen Arm. Sie gingen jetzt mit schnellen Schritten. Als sie auf eine Landstraße trafen, hielten sie an, um zu sehen, ob kein Auto in Sicht war. Dann überquerten sie die Straße und verschwanden im Dunkel des Waldes wie in einer Höhle.

Ännchen spürte etwas Warmes an ihren Lippen. Sie fuhr mit der Hand darüber. Es war Blut. Sie hatte sich die Lippen aufgebissen. Vermutlich, als sie dem Mann das Gewehr über den Kopf geschlagen hatte.

»Das hast du sehr gut gemacht«, sagte Sergej und lächelte sie an. Sie lächelte zurück.

»Ich hätte ihn sonst erschießen müssen.«

»Hast du schon einmal jemanden getötet?«, fragte sie.

Er schüttelte den Kopf.

»Der ist sicher nicht tot. So ein Bauernschädel kann was vertragen, mach dir keine Sorge. Wenn wir es nicht gemacht hätten, steckten wir wahrscheinlich jetzt in seinem muffigen Keller und warteten auf die Gestapo. Dann besser so ... Du hast ja gesehen, wie sie sind.«

»Sie sind nicht alle so«, sagte sie und dachte an Bauer Fritsche.

Er zuckte die Schultern und strich sich den Schnee von seinem Hut.

»Sie wissen einfach nicht mehr, ob sie sich anständig oder schlecht verhalten sollen«, sagte er, »das macht es so schwierig. Vielleicht wollen sie ja gut sein, aber dann kriegen sie Angst, weil sie an die Gefahr denken. Ganz plötzlich. Auch die Anständigen.«

Ännchen wusste nicht so recht, was er meinte. Sergej drehte sich schließlich um und lachte:

»Ein bisschen Essen war ja nicht zu viel verlangt, oder? Wenn uns einer nicht hilft, kriegt er was drüber.«

Sie lachten beide und gingen schnell. Immer mehr Schnee fiel und sie waren erleichtert. So blieben sie unentdeckt. Aber das Gehen wurde mühsam. Sie fühlten sich todmüde und wussten nicht warum. Sie hatten bis in den Nachmittag hinein geschlafen. An einem Bach hackte Sergej die dünne Eisschicht auf und sie tranken. Das Wasser war klar und sie spürten erst jetzt, wie durstig sie waren. Schnee zu lutschen war erfrischend, aber nur Wasser löschte wirklich den Durst.

»Wo kriegen wir jetzt etwas zu essen her?« Er richtete sich auf, erste Helligkeit zeigte sich am Himmel.

»Wir haben das Geld, zehn Mark«, sagte sie. »Im nächsten Ort kaufe ich ein. Wenn die Geschäfte öffnen.«

»Du hast sonst nichts?«, fragte er besorgt.

»Nur die zehn Mark«, sagte sie, »das reicht für Brot und Wurst. Oder vielleicht Käse.«

»Was ist, wenn sie dich erkennen und festhalten?« Sergej grinste sie an.

»Dann kommst du mit dem Karabiner und holst mich raus.« Sie tat so, als meine sie es ernst. Sergej nahm das Gewehr und spielte zwischen den Bäumen am Bach den unerschrockenen Soldaten, blickte grimmig in alle Richtungen. »Paff, paff, paff.« Sie stritten sich über die Himmelsrichtungen. Sie wollten nach Osten, aber waren sich nicht mehr sicher, welche Richtung das war.

»Eigentlich ist es egal, wo Osten ist. Wenn der Krieg vorbei ist, kann ich sowieso nach Hause.«

»Du kommst schon nach Hause«, sagte sie zuversichtlich.

»Und du? Hast du Verwandte?«, fragte er.

»Vielleicht noch meinen Bruder. Oder meinen Papa. Und eine Tante in Ostpreußen. Nach der habe ich meinen Namen, aber ich habe sie noch nie gesehen. Wer weiß, ob sie noch lebt. Sie hat Papa und Mama, glaube ich, ihr ganzes Geld geschickt. Warum, weiß ich nicht genau. Vielleicht weil sie alt ist oder sie es vor den Russen in Sicherheit bringen wollte.«

»Wieso vor den Russen?« Er sah sie verständnislos an.

»Na, weil die Russen bald in Ostpreußen sein werden. Hat Papa gesagt. Meine Tante wollte nie weg aus Ostpreußen. Weil es ihre Heimat ist.«

»Also eine gute Tante. – Wo ist das Geld jetzt?«, fragte er.

»In unserem Haus, auf der Sparkasse, ich hab keine Ahnung.« In Ännchens Vorstellung gab es das Haus in Lüneburg nicht mehr wirklich, es war in neblige Ferne gerückt. Sie war seit der Rückkehr aus Marienau nicht mehr dort gewesen.

»Wohnen noch andere Leute in eurem Haus?«, fragte Sergej, während er sein Bündel aufnahm und sie losmarschierten.

»Nein. In dem kleinen Ding hatten wir schon kaum Platz genug.«

»Also eine Hütte, wie bei uns in Russland?« Sie lachten.

»Nein, es ist ein kleines Fachwerkhaus, nicht so wackelig und aus altem Stroh wie bei euch wahrscheinlich alle Häuser.«

»Warum gehen wir nicht dahin und verstecken uns im Keller?« Er war stehen geblieben und sah sie an.

»Du bist gut! Wir sitzen da im Keller und warten darauf, dass wir verhungern? Oder dass jemand uns findet? Dann lieber ab und zu einen Bauern umhauen.« Sie fanden die Vorstellung beide ganz lustig.

»Wenn wir Lüneburg erreichen, versuchen wir es. Ich komm schon irgendwie rein«, lenkte sie schließlich ein.

Es wurde hell. Der Wald schien kein Ende zu nehmen. Das Wasser hatte sie gekräftigt. Sie waren erstaunt darüber.

»Das war wie eine gute Soljanka«, sagte Sergej, »wie früher eine gute Suppe zu Hause bei meiner Mama.«

»Trotzdem, eine warme Suppe wäre besser«, sagte sie. »Ich hab Hunger wie verrückt.«

»Du bist es nicht gewohnt zu hungern, oder?« Er sah sie von der Seite an.

Sie schüttelte den Kopf.

»Wenn wir gar nichts finden, kauen wir Baumrinde«, sagte er und sie lachten wieder.

»Bei euch zu Hause esst ihr wohl jeden Tag Baumrinde und ähnliches Zeugs?«, fragte sie, um ihn zu ärgern.

»Ja sicher, was denn sonst. Zum Frühstück Birke, mittags Eiche und abends Buche, alles mit viel Soße und Thymian. Und an Feiertagen kochen wir Rinde mit Kartoffellaub, streuen Grassamen darüber und schieben es in den Ofen ...«

Er schnupperte, als könne er ein wunderbares Essen riechen. Aber er wurde schnell wieder ernst: »Wir müssen das Gewehr wegschmeißen. Es ist zu groß. Wenn uns jemand damit sieht, wäre das sehr verdächtig, oder?«

Sie überlegte.

»Kann man es nicht auseinander nehmen?«

»Nein. Und wenn ich es mir ins Hosenbein schiebe, ist das beim Gehen ziemlich blöd und es fällt auf. Guck mal.« Er öffnete den Strick, mit dem seine Hose gehalten wurde, und schob den Gewehrlauf in das linke Hosenbein. Dann zog er seinen Mantel über den Schaft. Das Gewehr war verschwunden. Er machte ein paar Schritte, schwankte hin und her wie ein steifer Betrunkener und fiel in den Schnee. Mit ausgestreckten Armen und Beinen und einer komischen Grimasse blieb er stocksteif liegen. Sie kicherten ausgelassen.

»Und wenn du wieder einen Bauern umhauen willst, brauche ich drei Minuten, um es dir zu geben. Das dauert zu lange. Ich schmeiß es weg.«

Er schob es in ein Dickicht und häufte Äste und Gestrüpp darüber.

»Schade«, sagte Ännchen.

»Sei nicht traurig«, sagte er lakonisch.

»Wenn sie es finden, wissen sie, dass wir hier waren«, gab sie zu bedenken.

»Ich kann es nicht verschlucken, auch wenn ich jetzt großen Hunger hätte.«

Sie kamen an eine Landstraße und blieben vorsichtig im Dickicht. Niemand war zu sehen. Sie überlegten ein Stück auf der Straße zu gehen, weil es anstrengend war auf dem Waldweg. Aber es schien ihnen zu gefährlich. Wenn ein Auto kam und sie erst dann im Wald verschwanden, machten sie sich erst recht verdächtig. Sie gingen weiter, blieben aber in Nähe der Straße.

Die Lichter eines Ortes kamen in Sicht. In einer Entfernung von vielleicht fünfhundert Metern blieben sie stehen. Sie hatten keine Uhr und schätzten, dass es schon gegen neun oder zehn Uhr morgens sein könnte. Es war neblig und die Lichter des Ortes wankten verschwommen im Grau des anbrechenden Tages.

Sie wollten es riskieren. Sergej legte drei kleine Steine auf die Straße.

»Wenn du auf dem Rückweg hier ankommst, gehst du in den Wald, immer geradeaus. Ich sehe dich und dann … essen wir!« Er fasste sie an den Schultern und sie machten ein paar übermütige Tanzschritte.

»So wie Bären und betrunkene Bauern in Russland essen und tanzen«, sagte er und sie lachten ausgelassen.

»Ich brauche ein Kopftuch«, sagte Ännchen, »sonst sehen sie, das ich ungekämmt bin.« Sergej kramte in seinem Bündel, zog aber nur ein schmutziges Taschentuch und ein Unterhemd hervor. Sie fanden nichts Brauchbares und er half ihr die Zöpfe neu zu flechten.

»Ihr Deutschen wascht die Haare so selten«, sagte er, »... sonst könntest du aussehen wie eine Prinzessin.«

»Das mit dem Waschen muss mir gerade ein Russe sagen! Ihr Russen wascht euch nie. Das ist ja allgemein bekannt und alle Welt redet darüber«, sagte sie.

»Dreck hält warm ... Kauf Brot, viel Brot. Wenn es sie gibt, ein paar Äpfel. Und keine Seife für deine Haare«, sagte er, »sonst zeige ich dich bei der deutschen Polizei an!«

Sie marschierte los. Als sie sich noch einmal umdrehte, stand er an einer Fichte und winkte ihr zu.

13. Sie schlug den Mantelkragen hoch, als sie in die Nähe des Ortes kam. Er war größer als die Bauerndörfer bei Bredenbock und sie erkannte sofort ein Geschäft, weil die Türe beleuchtet war. Solche Läden gab es hier überall. Man kann da alles kriegen, dachte sie, Kuhketten, Stricke, Körbe, Düngemittel, Feldgeräte und auch Lebensmittel. In solchen Geschäften kauften die Bauern, was sie brauchten. Tante Anneliese kaufte in Tollendorf in einem solchen Geschäft und Ännchen hatte sie oft begleitet. In diesen Läden roch es gut, man konnte aber nicht herausfinden, wonach es roch.

Als sie die Türe öffnete, rasselte eine Klingel. Zwei Frauen und ein alter Mann kramten in einer Ecke bei den Tuchballen, sie sahen sich nicht um. Hinter der Theke stand eine hagere grauhaarige Frau mit einer blauen Schürze, neben ihr ein vornehm gekleideter Mann mit einem seltsamen Blick und einer steifen Körperhaltung. Der ist bestimmt nicht ganz richtig im Kopf, dachte Ännchen sofort. Er ging mit staksigen Schritten hinter der Theke auf und ab. Als er Ännchen sah, zeigte er mit einer Hand auf seine Brust: »Robert, Robert«, sagte er mit tiefer wichtiger Stimme und nahm seinen komischen Gang wieder auf.

»Was brauchst du denn, meine Kleine?«, fragte die Frau.

»Zwei ganze Brote, eine Dauerwurst und ein Pfund Äpfel«, sagte Ännchen und versuchte ganz geschäftsmäßig zu wirken.

Die Frau griff hinter sich in ein Regal und legte zwei große Landbrote auf die Theke. Aus einem Schrank nahm sie zwei Würste zur Auswahl und zeigte sie vor. Ännchen wies auf die größere von beiden und überlegte, ob das Geld dafür reichen würde.

»Wie teuer ist das alles zusammen?«, fragte sie mit einem kurzen Blick auf die Frau, kramte in ihrer Manteltasche und zog den Zehnmarkschein heraus.

»Fünf Mark und fünfzig Pfennig.«

Ännchen war erleichtert. Sie würde noch Geld herausbekommen.

»Für Brot und Wurst brauchst du Marken«, sagte die Frau.

Ännchen verstand nicht, was sie meinte.

»Welche Marken? Ich hab keine Marken«, sagte sie erschreckt. Die Frau sah sie erstaunt an.

»Wo kommst du denn her? Man kann doch nicht ohne Lebensmittelmarken einkaufen, mein Kind!«

Ännchen wusste nicht, was sie sagen sollte, und murmelte: »Kann ich die Marken später bringen?«

Die Frau sah sie immer noch an. Dann nahm sie das Geld, steckte die Sachen in eine Tüte und schob sie über die Theke. Sie gab ihr das Wechselgeld in Münzen.

»Wir sind mit dem Wagen hier«, sagte Ännchen stotternd und zeigte unbestimmt in den Ort. »Ich bringe die Marken bestimmt.«

»Es ist schon gut«, sagte die Frau. Ännchen nahm die Tüte auf ihren Arm. Der Mann, der sich Robert nannte, stakste zur Tür, riss sie auf und machte eine Verbeugung, als sie ging. Sie bemerkte nicht, dass die Frau ihr durch das Fenster hinterhersah, denn sie drehte sich nicht um. Sie war aufgeregt, hoffentlich konnte sie das Dorf verlassen ohne aufzufallen.

Am Dorfrand bemerkte sie eine Scheune, die abseits der Höfe und Häuser stand. Vielleicht könnten sie dort den Tag über schlafen.

Sie verließ am verabredeten Punkt die Straße und ging in den Wald. Sergej hielt sich versteckt, bis sie hundert Meter gegangen war. Dann lief er zur Straße und blieb dort im Schutz der Bäume eine Zeit lang, um zu sehen, ob jemand Ännchen gefolgt war. Sie suchten sich einen Platz unter einem Baum, der frei war von Schnee und wo sie trocken saßen. Die Sonne kam hervor. Mit dem Messer schnitt Sergej dicke Scheiben Brot ab und auch von der Wurst. Der Duft zog ihnen in die Nase. Sie aßen wie hungrige Wölfe, schweigend und zufrieden. Wenn Ännchen eine neue Schnitte verlangte, knurrte er zum Spaß wie ein Wolf, der seine Beute verteidigt.

Sie näherten sich der Scheune mit großer Vorsicht und blieben möglichst außerhalb der Sichtweite der Bauernhöfe. Sie hofften, der heraufziehende Nebel würde sie schützen. An den Ställen des nächstliegenden Hofes machte sich eine Frau zu schaffen. Als sie im Haus verschwunden war, versuchten sie in die Scheune zu gelangen. Es war nicht einfach, denn das Tor war mit einem Schloss verriegelt. Sergej gelang es mit viel Mühe, mit dem Messer zwei Bretter in Bodennähe zu lösen. Er ließ Ännchen hindurchkriechen und folgte ihr. Mit den Brettern verschloss er die Öffnung sogleich wieder. Sie hofften, von außen würde man nicht erkennen können, dass etwas verändert war.

Im Halbdunkel sahen sie eine Dreschmaschine, Pflüge und Eggen und anderes Bauerngerät, alles war verstaubt. Sie entdeckten im hinteren Teil der Scheune einen Wagen mit Verdeck und Ledersitzen. Wenn Ännchen ein wenig die Beine einzog, konnte sie sich auf dem Sitz ausstrecken und bequem liegen. Sergej holte einen Arm voll Heu und brachte es in den Wagen, er machte sich ein Lager unterhalb des Sitzes. Als alles vorbereitet war, stieg er noch einmal herab und kam mit staubigen Säcken zurück. Er schlug sie aus und deckte Ännchen zu. Er legte sich ins Heu und zog zwei Säcke über sich. Als er den Kopf hob und nach oben blickte, war Ännchen bereits eingeschlafen.

Als Ännchen erwachte, war es dunkel, aber durch die Dachziegel fiel noch etwas Helligkeit herein. Sie hörte, dass Sergej schwer atmete. Sie legte vorsichtig eine Hand auf seine Stirn. Die Haut war feucht und heiß.

Sie rief ihn leise, aber er reagierte nicht und schien tief zu schlafen. Sie blieb auf dem Rücken liegen und sah gegen das Verdeck. Wenn Sergej krank war, dachte sie, müsste sie ins Dorf und einen Arzt suchen. Aber was dann? Einen Arzt in diesen Schuppen bringen unter irgendwelchen Vorwänden? Ausgeschlossen, dann wäre alles verloren. Ob Sergej es bis Lüneburg überhaupt schaffen würde? An wen könnte sie sich dort wenden, ohne Gefahr zu laufen, verraten zu werden? Ihr fiel nur eine ihrer Lehrerinnen ein, bei der sie einmal Deutschunterricht gehabt hatte. Frau Holderbaum hatte im Laden ihres Vaters immer ihre Bücher gekauft. Ännchen wusste, dass er große Stücke auf sie hielt. Sie wusste, dass sie in der Ohlinger Straße wohnte. Sie verwarf den Gedanken. Es wäre besser, ihr eigenes Haus zu erreichen. Sie würde auch ohne Schlüssel hineinkommen. Aber was sollten solche Überlegungen!? Sie lag mit einem kranken Sergej in einem Schuppen in irgendeinem Dorf und wusste nicht einmal, wo sie sich gerade aufhielten und wie weit es bis Lüneburg war. Sie würde auf den Straßenschildern nachsehen, nahm sie sich vor.

Könnte sie mit ihm zum Arzt gehen und ihn wieder als ihren stummen Bruder ausgeben? Ihre Flucht hatte offensichtlich in der Zeitung gestanden, sie konnten das Risiko nicht eingehen. Ob in diesem Laden auch Medikamente zu haben waren? Hatte der Laden schon geschlossen? Brauchte man irgendwelche Marken für Medikamente? Sie beschloss es zu versuchen. Die große Frau hatte ihr schon einmal geholfen ...

Vielleicht konnte sie die Bretter allein wegbiegen und nach draußen kommen.

Sie stieg vorsichtig über den schlafenden Sergej und tastete sich voran. Sie fand die losen Bretter, wo sie hineingekommen waren, und quetschte sich mühsam durch. Ihr Mantel verfing sich in einem Nagel und der Stoff bekam einen großen Riss. Er war schmutzig geworden und sie versuchte Heu und Staub abzuklopfen, so gut es ging. Sie griff sich eine Hand voll Schnee und wischte damit durch ihr Gesicht. Dann nahm sie den Umweg durch den Wald zur Landstraße und ging, ohne rechts oder links zu sehen, auf den Laden zu. Es brannte noch Licht. Ob sie besser die Pistole mitgenommen hätte? Sie hatte noch nie eine Pistole in der Hand gehabt.

Sie hörte wieder das Rasseln, als sie die Türe öffnete. Der Laden war schwach beleuchtet, aber sie sah keine Kunden. Der seltsame Mann in seiner vornehmen Kleidung stand in der hinteren Tür und murmelte vor sich hin. Dann richtete er sich auf, zeigte mit einer linkischen Bewegung wieder auf seine Brust und sagte stolz: »Robert, Robert!«

Die große Frau schob ihn zur Seite und erkannte Ännchen sofort.

»Hast du was vergessen, meine Kleine?« Sie musterte Ännchen. Es war kein misstrauischer, eher ein mitfühlender Blick.

»Haben Sie ein Medikament gegen Fieber?«, fragte Ännchen. »Mein Bruder hat Fieber und wir wollen ihm etwas geben, bevor wir morgen zum Arzt fahren«, sagte sie. Sie sah der Frau nicht in die Augen. Die schwieg, dann öffnete sie eine Schublade und schob Schachteln und Gläschen hin und her. Sie legte eine grüne Packung vor Ännchen auf die Theke.

»Das ist das Beste gegen Fieber. Sechs Mark kostet das«, sagte sie. Ännchen erschrak, sie hatte nicht daran gedacht, dass ihr Geld nicht ausreichen könnte. Sie griff in ihre Manteltasche, legte ihre Münzen auf die linke Hand und kramte weiter, als suche sie.

»Wie viel hast du denn?«, fragte die Frau. Ännchen murmelte vor sich hin, so als verstünde sie nicht, wo ihr Geld geblieben war. Sie legte das Geld auf die Theke und sagte:

»Mehr habe ich nicht dabei. Kann ich den Rest morgen bringen?«

Die Frau sprach plötzlich in ihrem Dialekt, aber Ännchen verstand sie.

»Dat brugst du nich. Nu lat din Brauder erst mohl gesund waan, dat is wichtiger ... so, nun schließe ich aber den Laden zu. Er sollte längst zu sein, aber ich habe es einfach vergessen.«

Sie begleitete Ännchen zur Tür und entließ sie in die Dunkelheit.

Als Ännchen endlich auf der Landstraße stand, überfiel sie die Aufregung mit aller Macht und sie zitterte am ganzen Körper. Diese Frau würde nicht die Polizei holen. Obwohl sie sicher alles aus der Zeitung wusste. Aber Ännchen hatte sich nichts anmerken lassen. Ein Gefühl von Dankbarkeit und Stolz erfüllte sie und sie lächelte zufrieden.

Auf dem Weg zum Schuppen fand sie einen halb zerbrochenen Porzellankrug. Sie säuberte ihn, so gut es ging, und füllte ihn mit Schnee. Sergej würde die Tabletten ohne zu trinken nicht nehmen können.

Sie schob den Krug durch die Öffnung. Da hörte sie ein Geräusch hinter sich und ihr Körper erstarrte. Sie drehte sich um. Sergej stand hinter einem Baum, die Pistole in der Hand. Sein Gesicht war verzerrt und sie sah, dass er unsicher auf den Beinen stand und sich festhalten musste.

»Wo bist du gewesen?«, fragte er. Er sprach matt und seine Stimme war niedergeschlagen.

Ännchen richtete sich auf.

»Du hast Fieber«, sagte sie, »ich habe eine Medizin gekauft. Komm, du musst sie sofort nehmen.«

Wortlos kletterte Sergej hinter ihr her in den Schuppen. Sie konnten kaum noch die Gegenstände ausmachen, aber sie fanden den Wagen und ihr Tageslager und sie befahl Sergej sich auf den Sitz zu legen. Aus den Kartoffelsäcken machte sie ihm ein Kissen, damit der Kopf höher lag, und holte den Krug. Bisher war kaum etwas von dem Schnee geschmolzen. Sie umschloss das Gefäß mit ihren Händen, hauchte dagegen. Aber es half nicht viel. Zu ihrer Enttäuschung tröpfelte nur sehr wenig Wasser heraus.

Sergej nahm zwei Tabletten. Dann schnitt Ännchen von dem Brot zwei Scheiben ab und sie begannen zu essen. Sergej hatte Mühe, das Brot zu schlucken.

»Du musst etwas essen, Sergej. Ich werde Wasser besorgen oder Milch«, sagte sie. »Wenn ich gegessen habe, gehe ich los.«

»Das ist zu gefährlich«, murmelte er schwach, »schon das Medikament zu kaufen war ein Risiko. Wer weiß, ob nicht jemand misstrauisch geworden ist.«

»Das ist jetzt egal, wir müssen es riskieren. Die Frau im Geschäft hat nichts gefragt, die war anständig. Wenn du mit dem Fieber durch den Wald läufst, riskieren wir noch mehr.«

»Und wenn sie dich einsperren, was wird dann aus mir?« Er sah sie mit fiebrigen, ratlosen Augen an.

»Ich bin vorsichtig«, sagte sie nach einer Weile, »vielleicht finde ich ja auch eine andere Unterkunft, wenigstens für eine Nacht.«

Er sah sie zweifelnd an. In ihrem Gesicht stand nicht etwa Heldenmut, aber doch Entschlossenheit und Energie. Sergej schwieg. Sie drehte sich um und ging. Bevor sie durch die losen Bretter verschwand, sagte sie:

»Ich muss es versuchen. Halte dich so lange warm.«

Man hörte noch das Quietschen der Bretter und ihre leisen Schritte durch den Schnee. Sergej war allein.

14. Auf dem Weg spürte Ännchen schmerzlich alle Knochen. Sie war längere Wege gegangen als jemals zuvor in ihrem Leben, hatte auf harten Brettern geschlafen. Das alles störte sie im Augenblick nicht, sie wollte Wasser besorgen. Milch wäre besser, aber sie hatte kein Geld mehr. Sie machte wieder einen Umweg, um nicht versehentlich ihren Unterschlupf zu verraten. Als sie im Licht der Laterne auftauchte, wusste sie noch nicht, wie sie ihr Vorhaben ausführen sollte.

Bauern haben Pumpen auf dem Hof, dachte sie und tastete nach der leeren Flasche, die sie mitgenommen hatte. Zwei-, dreimal den Schwengel heben und senken und die Flasche wäre voll. Selbst wenn sie bemerkt würde, wäre das kein richtiger Diebstahl. Aber besser, man sah sie nicht. Wenn ihre Flucht hier in der Gegend in der Zeitung gestanden hatte, wäre es gefährlich. Zwei vermummte Frauen gingen eilig über die Straße und achteten nicht auf sie. Sie war unschlüssig, ging langsam an Hoftoren und Zäunen vorbei. Pumpen quietschten, wenn man sie bediente. Vielleicht machten sie weniger Krach, wenn sie ganz vorsichtig und langsam pumpte. Sie ging durch ein offenes Hoftor auf eine dieser Bauernpumpen zu. Im Hause sah sie kein Licht, kein Hund schlug an. Der

Schwengel war eisig kalt. Sie bewegte ihn. Es knirschte, sie versuchte es heftiger. Nichts.

Die Pumpe war eingefroren. Ännchen fluchte vor sich hin. Fritsche hatte seine Pumpe mit Heu und alten Lumpen umwickelt, dieser verdammte Bauer nicht. Als hätten sie keine Zeit, diese Idioten! Lassen einfach ihre Pumpe einfrieren ...

Sie verließ den Hof und ging weiter. Vielleicht hatte sie anderswo mehr Glück.

Auf der Straße baumelte eine Glühbirne im kalten Wind. Aber der Himmel war heller als sonst. Als sie die kleine Kirche sah, schlug ihr Herz hoffnungsvoll. Sie dachte an die Frömmigkeit ihrer Mutter. Christen müssen helfen, ob sie wollen oder nicht. Egal ob katholisch oder evangelisch. Das hatte Mama oft gesagt. Papa war kein besonders guter Christ, aber auch nicht viel schlechter, dachte sie. Einen Buchhändler aufzusuchen war unsicherer und hier gab es sicher keine. In den Dörfern um Bredenbock herum, die sie kennen gelernt hatte, las außer der Lehrerin niemand Bücher. Hier in dieser Gegend waren die Leute evangelisch. Nazis waren eigentlich Heiden, hatte sie gehört, als sich Mama und Papa einmal gestritten hatten. Papa hatte gesagt, die meisten Nazis wären evangelisch, nur Hitler und Goebbels katholisch. Da war Mama wütend geworden.

Der Ort war größer, als Ännchen zunächst angenommen hatte. Sie ging durch eine stille Seitenstraße auf den Kirchturm zu. Sie überlegte, welche Uhrzeit es sein könnte. Sicher war es noch nicht zu spät, um zu klopfen.

Neben der Kirche stand, etwas zurückgesetzt, ein Haus, das sie sogleich als Pfarrhaus erkannte, weil vor ländlichen Pfarrhäusern hohe Kastanien standen und es keine Stallungen gab.

Vor der Türe blieb sie einen Augenblick lang stehen, um sich zurechtzulegen, was sie sagen würde. Sie griff den eisernen Klopfer und schlug zweimal gegen das Holz. Im Flur ging ein schwaches Licht an, dann wurde die Tür einen Spalt geöffnet. Das Gesicht des Mannes war klein, seine Haare angegraut. Er hat ein Gesicht wie eine große Maus, dachte Ännchen.

»Was gibt es, mein Kind?«, fragte der Mann. Unter seinem wachsamen Blick wurde sie unsicher und war in Versuchung, sich umzudrehen und wegzulaufen, aber sie wusste, das jetzt alles auf dem Spiel stand.

»Mein Bruder ist krank, wir können jetzt nicht weiter. Wir wollen nach Lüneburg und müssen irgendwo übernachten. Er hat Fieber. Er wartet vor dem Dorf.«

»Weißt du, wie spät es ist? – Krank, sagst du?« Er überlegte, rieb sich die Arme, als wäre ihm kalt.

»Bring ihn her«, sagte er zögernd, aber doch freundlich, »für eine Nacht wird es schon gehen.« Sie war erleichtert, obwohl in seinem Gesicht so viel Unsicherheit stand, als würde er sie am liebsten wegschicken.

»In einer halben Stunde sind wir da«, sagte sie, »wir beeilen uns. Und schönen Dank auch …« Sie wollte noch nach Milch oder Wasser fragen, aber so war ja alles besser. Sergej würde es so lange aushalten, dachte sie.

Sergej fiel das Gehen schwer und er stützte sich auf Ännchen. Sie hielt einen Arm um seine Hüfte. Sie wussten beide, dass es riskant war, bei Leuten zu übernachten, die sie nicht kannten, aber Ännchen dachte nicht weiter darüber nach. Die Verlockung, mit dem kranken Sergej für ein paar Stunden in einem warmen Raum zu sein, vielleicht ein richtiges Essen zu bekommen, war stärker als der Zweifel. Selbst Sergej hatte eingesehen, dass sie nicht weiterkonnten.

»Vielleicht ist es ein guter Pastor«, sagte er, »vielleicht haben wir Glück.«

Der Mann ließ sie herein und führte sie in die Küche. Eine hoch gewachsene Frau füllte ihnen wortlos eine heiße Suppe auf die Teller und stellte ein Körbchen mit Brot hin. Sie hat kein gutes Gesicht, dachte Ännchen und sah Sergej an. Er schien sie nicht wahrzunehmen, er versuchte sein Zittern zu unterdrücken.

»Er ist stumm, er kann nicht sprechen«, sagte Ännchen. Die Frau reagierte nicht darauf. Wo war der Pastor? Einen Augenblick lang dachte sie, dass er vielleicht unterwegs war zur Polizei, aber sie wollte unbedingt vorher die warme Suppe essen. Die Frau verließ die Küche und sie hörten ihre Schritte auf der Treppe.

»Ich habe Angst«, flüsterte Sergej. Sein mageres Gesicht war noch kleiner geworden von Fieber, Hunger und der Kälte.

»Iss einfach die Suppe auf«, sagte sie, »vielleicht wird alles gut. Sonst hauen wir sie um. Die Frau sieht aus wie eine Spinne.«

Sergej grinste schwach und löffelte weiter.

Die Tür öffnete sich und der Pfarrer setzte sich zu ihnen an den Tisch. Um ihn von irgendwelchen Fragen und von Sergej abzulenken, begann Ännchen zu reden. Sie erzählte von ihrem Vater, dass er an der Front sei, die Mama sei nach Ostpreußen zu ihrer Schwester gefahren, ihr Bruder sei stumm, schon immer gewesen, und sie wären auf dem Weg von Gifhorn nach Lüneburg, und da sei der Bombenangriff auf den Zug passiert. Ihre Mutter arbeite in der evangelischen Frauenhilfe mit und ihr Papa habe eine Buchhandlung und da würde sie später auch arbeiten.

Mehr ficl ihr nicht ein.

»Meinen Sie, dass wir heute Nacht hier bleiben können?«, fragte sie. Der Pastor ging nicht darauf ein. Ännchen sah etwas in seinem wachsamen Blick, das sie nicht deuten konnte, es beunruhigte sie.

»Lass mal deine Geschichten, mein Kind!«, sagte er langsam und sah dabei auf den Boden, »ich weiß, wer ihr seid. Es hat in der Zeitung gestanden. Wo sind die anderen Russen und Polen?«

Ännchen sah ihn mit offenem Mund an.

»Fünf sind aus Bredenbock geflohen, sieben aus Tollendorf. Und du bist das Mädchen, das sie entführt haben. Richtig? Belüge mich nicht, wenn ich euch helfen soll.«

Sie war entsetzt und überlegte trotzdem panisch, was sie sagen sollte.

»Niemand hat mich entführt. Wir sind allein, von anderen wissen wir nichts«, kam es schließlich kleinlaut. »Sergej ist krank, er kann so nicht weiter.«

»Er hat eine Pistole?«

»Wir haben keine Waffen«, sagte Ännchen und der Satz kam ganz sicher über ihre Lippen.

»Aber es stand in der Zeitung, er sei bewaffnet und gefährlich.«

»So etwas schreiben sie immer! Es ist nicht wahr«, sagte sie.

»Wo wollt ihr hin?«

»Vielleicht nach Lüneburg. Zu meiner Lehrerin ...«, sagte Ännchen.

»Wenn sie euch bei mir finden, bringen sie mich ins Konzentrationslager.« Der Pastor stand auf und ging zur Türe. »Heute Nacht könnt ihr bleiben, aber dann ...«

Er führte sie in den Keller. Sie hatten neben den Regalen mit Eingemachtem zwei Strohsäcke ausgebreitet und mit Bettwäsche bezogen. Sergej legte sein Bündel ab, er ging gebückt und hustete. Neben den beiden Lagern standen ein Krug mit Wasser und zwei Gläser.

Sie hörten die schlurfenden Schritte der Frau, sie brachte einen Kessel mit heißem Wasser und Handtücher.

»Ihr stinkt«, sagte sie leise und ging wieder.

An der Decke hing eine Glühbirne, mit vielen Kabeln, die kreuz und quer liefen. Als sie alleine waren, zog Ännchen sich nackt aus. Sie wusch sich am ganzen Körper und beeilte sich, um nicht kalt zu werden. Es war hier viel wärmer als im Schuppen, aber nicht geheizt. Sie stand mit einem Bein im Kessel und wusch sich mit einem Zipfel des Handtuches. Sie hätte sich gerne den Kopf gewaschen, aber dann würde das Wasser für Sergej noch schmutziger werden. Sie sah zu ihm hin, er saß auf einem der Strohsäcke, das Gesicht abgewandt. Sie sah seinen struppigen Kopf und lächelte. Sie zog sich ihr Hemd über den Kopf.

»Du kannst dich jetzt umdrehen«, sagte sie, »meine Haare sind immer noch dreckig, aber egal. Wenn wir uns wieder angezogen haben, stinken wir sowieso wie vorher.«

Sie kroch unter ihre Decke und versuchte warm zu werden. Es würde ein bisschen dauern. Ihre Knochen taten weh, nicht mehr so schlimm wie vorher. Sie war glücklich über die wohlige Wärme, die sich ausbreitete. Wenn der Pastor heute nicht zur Polizei ging, könnten sie eine Nacht lang ruhig schlafen, dachte sie. Sie hörte die Geräusche, als Sergej sich wusch, und sein trockenes Husten. Er soll noch Medikamente nehmen, je mehr, umso besser, dachte sie und sah ihm heimlich zu.

Sie hatte ihren Bruder früher nackt gesehen, aber Sergej war anders. Nicht so groß und sehr mager. Sie sah seine Rippen und die Hüftknochen. Alle Haut war weiß. Er hatte schon Haare zwischen den Beinen. Er wusch sich gründlich, Stück für Stück seines Körpers, mit Seife und rieb seine Haut mit dem Tuch. Als er fertig war, steckte er seinen Kopf in den eisernen Kessel und wusch sich die Haare. Der Boden war überschwemmt. Als er schon sein Hemd übergezogen hatte, nahm Sergej einen der Säcke, die herumlagen, und verwischte das Wasser auf dem Boden, so gut es ging. Sie dachte, dass es angenehm und aufregend wäre, wenn Sergej unter ihre Decke käme. Aber es ist nicht möglich, dachte sie. Sie dachte auch daran, dass sie einmal in einen Jungen verliebt war, das war noch in Lüneburg. Er war Schüler auf dem Johanneum und hieß Robert. Wie der seltsame Mann in dem Geschäft. Sie hatte nie ein Wort mit ihm gesprochen, es hatte sich nicht ergeben. Vielleicht verliebe ich mich in diesen Russen? Auch wenn er so klein ist. Sicher wächst er noch, wenn er ordentlich isst. Sie lächelte vor sich hin.

In der Nacht schlief Sergej sehr unruhig. Ännchen wurde mehrmals wach und half ihm Wasser zu trinken. Sie hielt seinen Kopf ein wenig hoch, damit es leichter ging. Sein Kopf glühte, das fühlte sie mit der Hand. Wenn wir morgen wieder in die Wälder gehen, dachte sie, stirbt er unterwegs und alles ist vorbei. Wenn dieser Pastor sie hier übernachten ließ, bis er wieder gesund wäre ... Die Müdigkeit übermannte sie.

Sie erwachten gleichzeitig von einem erregten Wortwechsel. Oben auf dem Flur hörten sie eine Frauenstimme und eine Männerstimme. Ännchen und Sergej sahen sich an, sie dachten das Gleiche. Die beiden schienen zu streiten. Die Stimme der Frau war hoch und zänkisch, die des Mannes weinerlich und trotzig. Schließlich verstummte die Frau und sie hörten, wie eine Tür zugeschlagen wurde. Der Pastor kam die Treppe herab. An seinem Gesicht erkannte man nichts von dem Streit. Aber er sah so ängstlich aus wie gestern an der Tür. Ännchen überlegte, ob man ihm trauen könnte. Sie wusste es nicht. Sie waren auf ihn angewiesen, alleine konnte sie nicht weitergehen, es hätte ja keinen Sinn gehabt.

Der Pastor sagte zuerst nichts, als er den Raum betrat. Er musterte mit einem Blick die Gläser im Regal, dann kniete er auf Sergejs Bettstelle und legte ihm eine Hand an die Stirn.

»Ich hole dir was«, sagte er besorgt, »du bist wirklich krank, mein Junge. Du kannst so nicht weitergehen.«

Er kam mit einem Beutel zurück, in dem er offensichtlich Arzneien aufbewahrte. Er holte eine Flasche heraus und goss eine braune Flüssigkeit auf einen Löffel. Sergej schluckte und spülte alles mit einem Glas Wasser hinunter.

»Ihr müsst heute hier unten bleiben«, sagte er leise und freundlich, »wenn Leute kommen, sieht man euch vielleicht. Ich bringe euch etwas zum Essen, damit ihr mir nicht verhungert. Morgen ist der Junge vielleicht besser dran.«

Sie bekamen Brot mit Margarine und Marmelade, dazu jeder ein Glas warme Milch. Sergej fiel sofort wieder auf sein Bett zurück. Ännchen hockte sich auf ihre Strohmatte, zog die Decke über die Knie und wartete. Sie dachte nichts Besonderes, nur dass es gut war, den Tag ohne Gefahr in einem Haus zu überleben. Sie fühlte sich verpflichtet, Pläne für ihre nächsten Schritte auszudenken, aber ihr Kopf funktionierte nicht, wie sie es wollte. Was sollte man planen, ohne zu wissen, in welchem Ort man war und ob Sergej gesund würde?

So blieb sie sitzen, bis der Pastor ihnen gegen Abend ein warmes Essen brachte. Sergej bekam noch einmal die braune Medizin. Der Mann blieb an der Treppe stehen und nahm die leeren Teller mit.

»Gute Nacht«, sagte er, »ich schließe euch in mein Gebet ein! Wir sind alle in Gottes Hand.« Dann ging er. Sie hörten, dass er den Schlüssel der Kellertür umdrehte. Sie schliefen, von der Wärme des Hauses umgeben, ein.

Bei der ersten Morgendämmerung waren beide wach.

»Am besten, wir ziehen uns an«, sagte Ännchen. Als Sergej aufstand, fiel er gegen das Regal und auf seine Knie. Er war sehr schwach. Sie versuchte ihm zu helfen, aber als sie seinen zitternden Körper, nur bekleidet von seinem schmutzigen Hemd, unter ihren Händen spürte, wusste sie, dass sie nicht fortkonnten. Sie deckte ihn zu, ging die Treppe hinauf. Die Türe war nicht verschlossen, sie trat vorsichtig auf den Flur. Überall hingen Bilder, Landschaften, Familien, Kinder. Sie erkannte das düstere Gesicht von Martin Luther. Mama hatte es zu Hause auch im Flur aufgehängt, weil Papa es nicht im Wohnzimmer sehen wollte. Diese Leute schienen selbst keine Kinder zu haben, sonst hätte man sie gehört. Sie klopfte leise an die Küchentür. Sie hoffte auf den Mann zu treffen. Als sie eine Stimme hörte, öffnete sie. Die Frau saß am Tisch und nähte, alles war aufgeräumt.

»Was ist?«

»Hätten Sie wohl ein paar Kleider für uns? Mein Bruder stinkt schon richtig.«

»Er ist nicht dein Bruder! Wann geht ihr von hier weg?«, fragte die Frau unfreundlich und stand auf. Sie wirkte noch größer als vorher, ihr Blick war fahrig und nervös. Sie wischte mit einer Hand über den Tisch und sah zum Fenster.

»Sergej kann heute noch nicht gehen, er ist zu schwach. Morgen. Morgen gehen wir. Am Abend am besten. Machen Sie sich keine Mühe.«

»Warte hier!« Sie ging an Ännchen vorbei durch den Flur, öffnete eine Tür und schloss sie hinter sich. Ännchen hörte keine Stimmen, vielleicht war der Mann nicht da. Diese Frau hat Angst, dachte sie, wahrscheinlich wegen uns. Sic hörte Geräusche aus dem Raum, in dem die Frau verschwunden war. Wie hieß sie eigentlich? Sie haben uns ihren Namen nicht gesagt, damit wir sie nicht verraten können.

Die Frau kam mit einem Bündel Kleider, die sie zusammengerollt hatte. Ännchen sah Weißes und Dunkles, als die Frau ihr alles in den Arm drückte.

»Besser, du gehst wieder runter«, sagte sie, »es kommen immer Leute hierher. Ich bringe euch gleich etwas zum Essen.«

An der Kellertüre drehte sich Ännchen noch einmal um. Die Frau stand mit bleichem Gesicht in der Küchentür und sah ihr nach.

Durch die Kellerfenster erkannte Ännchen, dass es draußen dunkler wurde. Sergej lag auf der Seite und schien tief zu schlafen. Sie setzte sich auf ihren Strohsack und starrte durch das Fenster in den Abend. Es wäre am besten, sie würden sofort verschwinden. Der Frau konnte man nicht trauen, dem Mann vielleicht. Es war zu unsicher.

Die Frau stellte wortlos einen Teller mit Broten auf die Treppe und ging wieder hinauf. Sie drehte den Schlüssel um. Weil Sergej schlief, aß Ännchen etwas, aber es schmeckte ihr nicht besonders.

Sie entschloss sich zu warten, bis Sergej aufgewacht war, um mit ihm zu bereden, was sie jetzt tun sollten. Ihr wurde kalt. Nach zwei Stunden schlief er noch immer. Sie zog sich eines der großen Männerhemden an und legte sich unter ihre Decke, aber sie schlief nicht ein. Wenn Sergej so schwach war, würde sie allein entscheiden müssen. Wenn er aufwachte, würde sie ihm von den Kleidern geben, denn die Lumpen, die er vorher getragen hatte, stanken. Es war ja nicht seine Schuld. Sie nahm seine Hose, sein Hemd und die Jacke und schob das Bündel unter die Kellertreppe. So roch man fast nichts mehr. Sie wollte kein Licht machen. Im schwachen Schein, der durch das Fenster fiel, sortierte sie, auf dem Bett sitzend, die Kleider. Es waren ausnahmslos Männerkleider, Hosen und Oberhemden, mehrere Paar Socken und eine Jacke. Sie versuchte einzuschätzen, ob sie und Sergej die Hosen tragen könnten, sie wusste es nicht. Das konnte man später ausprobieren. Sie faltete alles ordentlich zusammen und legte es sich als Kopfkissen auf die Bettstelle, so würde sie nicht so leicht einschlafen. Aber irgendwann schlief sie ein.

Ännchen erwachte und hörte sein Stöhnen. Sergej zitterte am ganzen Körper. Sie war versucht nach oben zu gehen, um Hilfe zu holen. Vielleicht bekam sie ein heißes Getränk. Oder der Pastor könnte einen Arzt besorgen. Sie verwarf den Gedanken, sie nahm ihre Decke und legte sie über den Russen. Auf seiner Stirn stand kalter Schweiß. Sie kroch unter die Decken und hielt ihn fest, wärmte ihn mit ihren Armen und ihrem Körper, drückte sich ganz nah an ihn. Sie spürte seinen Schweiß und sein Zittern und redete leise mit ihm.

»Gleich wirst du warm sein, du Russe. Zwei Decken, und ich wärme dich auch. Es wird schon alles gut. Ich lass dich hier nicht allein. Das fehlte noch, dass ich dich hier auf einer Strohmatte alleine lasse. Morgen bist du wieder gesund, wirklich! Ich weiß das.« Als sie das sagte, kamen ihr unwillkürlich die Tränen, denn sie glaubte es nicht wirklich. Aber sie unterdrückte ihre Schwäche und kämpfte gegen die Mutlosigkeit, die sie überfallen wollte. Dann spürte sie wieder einen Zorn, ohne zu wissen, gegen wen er sich richtete. Der Zorn machte sie mutig, sie fühlte sich stärker und redete weiter.

»Noch eine Nacht, dann ziehen wir weiter. Du und ich. Du wirst sehen, es wird ganz leicht. Der Winter ist bald vorbei. Außerdem haben wir neue Kleider an, dann siehst du aus wie ein deutscher Pastor.« Sie lachte leise und es gefiel ihr, mit ihm zu sprechen.

»Morgen früh sollen sie uns zu essen geben, genug für ein paar Tage. Wenn sie nicht wollen, dann zwingen wir sie. Wir werden ihnen schon beibringen anständig zu sein ... Essen muss jeder. Das sollten sie wissen, aber du und ich, wir können auch anders, wenn es sein muss! Da soll sich keiner vertun! Die können ja mal den Bauern fragen, dem wir Manieren beigebracht haben ... Wenn mein Papa hier wäre ... Der würde ihnen einheizen. Oder meine Mama. Die war fromm. Habe ich dir das schon erzählt? Eine mutige Mama, damals im Luftschutzkeller ... Wenn mein Bruder noch da wäre ... Du zitterst ja gar nicht mehr so. Bald bist du gesund. Mach dir keine Sorgen, bald ...« Sie schlief ein, während sie meinte noch zu reden, und sie wachte auf, als Sergej sich vorsichtig aus ihrer Umarmung löste, sich aufrichtete und sich umsah, als wüsste er nicht, wo er war.

Sie fühlte sich nicht beklommen, weil sie eng umschlungen geschlafen hatten, und wunderte sich nicht darüber.

»Zieh die neuen Kleider an, mal sehen, ob sie dir passen.«

Sergej trank Milch, bis der Krug leer war, und wischte sich über den Mund. Er war blass, aber ihm schien es besser zu gehen. Als er aufstand in seinem grauen schmutzigen Hemd, schwankte er noch und musste sich am Regal festhalten.

»Ich schwanke wie die Bauern bei uns, wenn sie betrunken sind«, sagte er und lächelte sie matt an.

»Bei uns torkeln sie genauso. Du solltest mal unseren Obernazi in Lüneburg erleben, der ist dauernd besoffen. Meinst du, wir können heute weiter?«, fragte Ännchen.

»Mal sehen«, sagte er, »ich kann ja nicht wochenlang hier herumliegen. Was meinst du, was die Pastorenfrau dazu sagt.« Er äffte ihre Stimme nach. »Huch, das geht doch nicht, zwei Räuber im Haus und sooo schmutzig, wie die sind! Die stinken ja! Huch! Und dann noch ein Russe dabei!«

Ännchen war beruhigt, dass es ihm besser ging. Er zog sich eine der Hosen an. Wenn er die Hosenbeine umkrempelte und den Bund mit einer Kordel um den Bauch zog, konnte es gehen.

»Nicht besonders schick«, sagte sie. »Und das Hemd?«

Er zog eines der Hemden über den Kopf und stopfte es in dic Hose. Es war uralt, stockfleckig und ein wenig verschlissen, aber warm.

»Ich würde mich gerne waschen, ich habe so geschwitzt in der letzten Nacht«, sagte er.

Ännchen probierte eine der Hosen an. Wenn sie den Bund mit einer Kordel um den Leib zog, würde es gehen. Gott sei Dank war der Pastor kein Riese! Sie wollte nach heißem Wasser fragen. Vielleicht waren die Leute schon auf. Sie ging die Treppe hinauf und klopfte vorsichtig an die Küchentür. Beide saßen am Frühstückstisch und sahen erschrocken auf. Als Ännchen eintrat, schwiegen sie. Auf einen Tablett hatten sie Brote für die ungebetenen Gäste bereitgestellt. Der Mann versprach, einen Kessel mit heißem Wasser zu bringen.

»Wir gehen heute Abend«, sagte Ännchen.

»Wann? Erst am Abend?!«, fragte der Mann erschrocken.

»Vielleicht früher. Können Sie uns etwas zu essen mitgeben? Und vielleicht ein bisschen Geld? Wir haben nichts mehr.«

Die beiden schwiegen. Der Mann stand auf und ging ins Nebenzimmer. Er kam mit einem Zehnmarkschein zurück und gab ihn ihr.

»Mehr habe ich nicht übrig, gutes Kind. Wir machen euch Butterbrote für die Reise ... Es ist wirklich besser, wenn ihr in der Dunkelheit geht. Damit euch niemand sieht.«

Sie wuschen sich beide gründlich und betrachteten gegenseitig ihre Nacktheit wie Kinder.

»Du hast ja noch gar keine Haare da unten«, sagte er verwundert.

»Hab ich wohl!«, sagte sie, »aber sie sind blond und man sieht sie kaum, wenn sie nass sind. Außerdem sind sie noch nicht so dicht.«

Ännchen zog die Männerhose wieder an. Die zu langen Beine krempelte sie hoch. Sie fanden, dass sie aussähen wie zerlumpte Zwillinge. Sie zog ihre Mütze über die nassen Haare und er setzte seinen alten Hut auf.

»Hoffentlich friert es nicht so stark, sonst kriegen wir vom Frost einen Panzer auf dem Kopf«, sagte Sergej.

»Einem Russenkopf macht das nichts aus«, sagte sie. »Ist vielleicht nicht so schlecht, wenn deine russischen Läuse endlich erfrieren.«

Sergej sah sie mit einem schrägen Blick an. »Wer weiß, wo ihr Deutschen eure Läuse versteckt! – Was machen wir mit den alten Sachen?«, fragte er.

»Die lassen wir hier. Als Andenken. Der Mann hat mir zehn Mark gegeben. Nicht schlecht, was?«

»Wenig, finde ich, für so vornehme Gäste.« Er stolzierte wie ein russischer Fürst über die Strohmatten. Er strich mit den Händen an seinem Mund hoch, als würde er seinen Schnurrbart zwirbeln, verzog sein Gesicht zu einer Grimasse, wiegte sich in den Schultern. »Vielleicht haben sie nicht erkannt, dass wir Prinzessin und Prinz sind. Oder Josef und Maria. Aber sie werden schon sehen ...« Er zog plötzlich die Pistole aus der Tasche und machte ein böses Gesicht. Sie fühlten sich ausgelassen und überlegten, dass es besser wäre, bald zu gehen. Und wie sie heimlich das Haus verlassen könnten, ohne bemerkt zu werden.

Am frühen Nachmittag stiegen sie leise die Treppe hinauf und blieben horchend an der Türe zum Flur stehen. Keine Stimmen. Die Türe war nicht abgeschlossen. Auf dem Küchentisch lagen zwei Pakete mit Butterbroten und ein paar verschrumpelte Äpfel. Sie tranken aus dem Wassereimer, so viel sie konnten, und füllten ihre Flasche. Sie steckten die Brote in ihre weiten Manteltaschen und gingen zum hinteren Ausgang, der in den Garten führte. Nichts rührte sich und niemand war zu sehen. Sie hielten sich im Schutz der Büsche und stiegen über den Gartenzaun. Ännchen sah noch einmal zurück. Sie glaubte zu sehen, dass sich im oberen Stockwerk eine Gardine bewegt hatte, aber sie war nicht sicher. Der Pfad führte am Feldrand entlang auf einen Wald zu und sie waren bald im Schutz der Bäume allen Blicken entschwunden.

15. Es fror nicht mehr, der Schnee taute. Sie benutzten Waldwege, um nicht im Matsch mit ihren Schuhen zu versinken. Und sie gingen langsamer als bisher.

»Ich traue ihnen nicht so recht«, sagte Sergej.

»Sie hatten Angst«, sagte Ännchen. »Vielleicht sahen wir nicht gerade Vertrauen erweckend aus. Der Vorteil ist, dass sie nicht zur Polizei gehen können, weil wir dreimal da geschlafen haben.«

»Vielleicht war es ja nicht nur Angst.« Sergej blickte nachdenklich in den Himmel, wo jetzt manchmal Sonnenstrahlen durchbrachen. Große Flächen von Heidekraut waren schon frei von Schnee und man sah sogar erstes Grün. »Vielleicht sind das richtige Helden – und hatten trotzdem Angst. Das gibt es ...! Immerhin haben sie uns geholfen, das vergessen wir nicht! – Wir sollten Angst haben«, sagte er, »nicht sie. Einem Pastor kann doch gar nichts passieren.«

»Wie meinst du das?«

»Na, Gott hilft ihm. So ist das auch bei unseren Popen.«

»Da wäre ich mir nicht so sicher.« Sie bückte sich unter tief hängenden Zweigen und wischte sich ärgerlich den Schnee aus dem Nacken, der herabgefallen war. »Mein Papa hat erzählt, eine ganze Menge Pastoren wären im

Konzentrationslager eingesperrt oder schon umgebracht worden.«

»Das wusste ich nicht ... Du glaubst nicht an Gott?«, fragte er. Er blieb stehen und lehnte sich an einen Baum. Er war noch schwach und weiß im Gesicht und das Gehen machte ihm Mühe. Sie fühlte seine Stirn, aber das Fieber schien verschwunden zu sein.

»Ich weiß nicht«, sagte sie verlegen, »man kann ja nicht sagen: So, ab jetzt glaube ich an Gott, und dann funktioniert es. Es müsste doch irgendwas passieren, oder? Meine Mama sagte immer: Wenn du nur willst, dann geht es auch. Das ist Unsinn. Man kann es nicht zwingen. Wenn ich unbedingt möchte, kann ich sogar beten. Letzte Nacht, als du so gezittert hast, habe ich gebetet, dass du heute gesund werden sollst. Und jetzt bist du gesund. Vielleicht hat das Beten geholfen, vielleicht hat die Medizin es gemacht. Das ist doch egal, oder?«

»Wenn du meinst ...« Sie gingen jetzt ganz bequem unter hohen Tannen. Er schien noch über ihr Thema nachzudenken. »Wir Russen glauben fast alle an Gott, aber nicht so kompliziert wie die Deutschen«, sagte er schließlich grinsend. Durch die Bäume hatten sie einen guten Blick auf ein verschneites Feld und eine vorbeiführende Straße. Manchmal kam ein Militärlastwagen, dann duckten sie sich in die Büsche.

Als die Dämmerung sich ankündigte, aßen sie von den Broten. Sie standen am Waldrand, die letzten Strahlen der Wintersonne schienen über die weißen Schneeflächen. Alles schien so unberührt, als sei hier seit Ewigkeiten kein Mensch gewesen. Sie machten sich Gedanken, wo sie schlafen sollten.

»Am besten wieder ein Strohhaufen«, schlug Sergej vor, »einer mit heißem Wasser und einer heißen Suppe.«

»Wenn wir nach Russland kommen vielleicht. In Russland gibt es sicher Heuhaufen mit eingebauten Bädern! – Wieso kannst du eigentlich Deutsch sprechen?«

»In Russland können das alle«, sagte er.

»Red keinen Quatsch. Sag die Wahrheit.«

»Schon als Kind gelernt«, sagte er. »Die Stadt, wo ich zu Hause bin, heißt Pskov und liegt ganz im Norden von Russland. Nahe bei Leningrad, oder St. Petersburg. Ich glaube, keine Stadt auf der Welt ist so schön wie Pskov! Vielleicht sind deswegen schon immer viele Deutsche gekommen und haben dort gearbeitet oder ihre Geschäfte aufgemacht. Manche sind Russen geworden und geblieben, wie unsere Nachbarn. Das waren ein Lehrer, seine Frau und zwei Söhne. Für die war es egal, ob sie Russisch oder Deutsch sprachen, die konnten beides gleich gut. Nachdem meine Mutter gestorben ist, war ich fast immer bei ihnen, wie ihr eigenes Kind, und habe mit Heinzchen und Gerd gespielt. Das waren die beiden Söhne von diesem Lehrer. Wir haben mal Russisch und mal Deutsch gesprochen, je nachdem, was wir gerade gegessen hatten.« Er lachte.

»Red keinen Blödsinn, Russe!« Ännchen stieß ihm in die Seite und er wich ihr aus.

»Wirklich! Wenn wir Kartoffeln mit Eisbein und Sauerkraut gegessen haben, haben wir Deutsch gesprochen. Wenn wir Birkensuppe mit Grassamen hatten, Russisch.«

»Du hast dich einfach dumm gestellt, in Bredenbock?«, fragte sie.

»Schon viel früher, seit die Deutschen mich geschnappt haben. Wir lagen zu fünft in einem Graben und waren abgeschnitten. Keine Chance zu entkommen. Als sie näher kamen, sind wir aufgestanden und haben die Arme hochgehalten. Schluss, aus! Sie nahmen uns die Waffen ab. Wer kann von euch Deutsch, haben sie gefragt und einer hat sich gemeldet. Den haben sie gleich abgeführt. Ich habe mich nicht verraten. So blieb ich bei den anderen und mir konntc nichts Schlimmeres passieren, habe ich gedacht. Warum sollte ich zeigen, dass ich Deutsch verstand? Sie hätten mich sofort in eines der Lager gebracht, um zu übersetzen. Sie suchten dauernd Übersetzer. Wer weiß, was sie im Lager mit mir gemacht hätten? Dann lieber Schafe hüten. Ich habe einfach auf Russisch gesagt, ich wäre dreizehn Jahre alt, und das haben sie geglaubt - weil ich mich ganz klein gemacht habe.« Er streckte seine Schultern und wölbte seine Brust heraus. »Dabei bin ich ein Riesenkerl und schon fast achtzehn.«

»Du bist kein Riese, sondern ein ziemlich mickeriger Russenzwerg. Das kann jeder sehen. Aber mir ist es egal.«

»Warum beleidigst du mich andauernd«, sagte er und versuchte ärgerlich zu gucken. »Ich werde schon noch wachsen, ganz bestimmt. Wenn ich erst einmal zu Hause bin.«

Sie wussten nicht mehr, wo Osten oder Norden war, und

stritten sich. Sergej hatte Sorge, dass sie im Kreis gingen und vielleicht eines Tages vor Bredenbock stehen würden.

»Dann sagen wir einfach, wir hätten uns verlaufen«, sagte sie. »Jetzt suchen wir erst einmal die Elbe. Die kann nicht mehr weit weg sein.«

Sie fanden für die Nacht einen überdachten Heuschober und wärmten sich gegenseitig.

Sich zu umarmen, wenn die Kälte heftiger wurde, war für sie seit jener Nacht, als ihn das Fieber schüttelte, selbstverständlich geworden. Sie sprachen nicht darüber. Sie wussten beide, dass es besser war und ihnen gefiel. Nachts flüsterten sie, wie sie den nächsten Tag überleben könnten, planten Diebstahl und Raub. Wie sie sich gegen Polizei oder SS wehren würden, mit Knüppeln, dem Messer oder der Pistole. Sie sprachen über diese Dinge und lachten manchmal dabei, als ginge es um die Planung eines Ausfluges. Sie lachten und fluchten auch unterwegs, über das Tauwetter, das ihnen die Schuhe durchnässte, und über den Matsch, der ihnen zu schaffen machte. Schlimmer waren die Regentage, wenn ihre Kleider nass wurden. Sie mussten manchmal zwei oder drei Tage in Scheunen halb nackt im Heu liegen, bis sie wieder trocken waren.

Bei jedem Morgengrauen hielten sie Ausschau nach einem Ort, wo sie bleiben konnten. Manchmal hielten sie sich wie Kinder an der Hand, denn die Kälte hatte nachgelassen und sie benutzten ihre Handschuhe nicht mehr. Ihre Sorge war das Essen und etwas zu trinken. Sie kratzten sich viel, denn sie hatten sich seit der Zeit im Pfarrhaus nicht mehr richtig gewaschen. Sie hatten beschlossen nicht noch einmal ein solches Risiko einzugehen, bevor sie Lüneburg erreichten.

Obwohl es nun schon viele Tage zurücklag, stritten sie sich manchmal noch darüber, ob der Pastor sie nicht doch noch verraten haben würde, wenn sie nicht heimlich verschwunden wären.

»Seine Frau hätte ihn vielleicht angestiftet«, sagte Sergej, »sie hatte Angst, aber hat nichts unternommen gegen uns.«

»Na, er hatte auch Schiss«, sagte sie, »er wollte uns verraten, aber er konnte nicht, wegen seines Glaubens. Sie hat immerhin zu ihm gehalten. Ob feige oder nicht.«

»Das ist doch, was zählt, oder? Sei nicht ungerecht«, sagte er, »ob man wirklich feige ist, weiß man erst, wenn man vor der Probe steht.«

»Wie, vor der Probe steht?« Sie sah ihn fragend an.

»Na, wenn man es beweisen muss eben! Wenn es darauf ankommt. Alles andere denkt man sich aus. Im Kopf ist es sehr einfach, ein Held zu sein. Ich jedenfalls habe Angst, wenn es gefährlich wird, und vielleicht wäre ich auch feige. – Der Pastor und seine Frau haben nichts Schlimmes gemacht. Im Gegenteil!«

Ännchen kaufte für das Geld Obst und manchmal Zwieback. Ihr Versuch, Brot zu bekommen scheiterte, weil sie keine Lebensmittelmarken hatte. Sie dachte mit Dankbarkeit an die Frau, die ihr am Anfang ihrer Reise ohne lange zu fragen Brot und Wurst verkauft hatte. Wenige Tage später war das Geld ausgegeben, aber sie machten sich erst einmal keine Sorgen, denn ihre Vorräte würden für zwei oder drei Tage reichen. Wenn sie nur genug Wasser finden konnten …

In den Wäldern vor Dahlenburg trafen sie in der vierten Woche ihrer Wanderung auf eine Lichtung und sahen sich vorsichtig um, bevor sie unter den Bäumen hervortraten. Hier war ein hoher Stapel Holz aufgeschichtet, ein Bauernwagen stand daneben, auf dem noch Reste von verharschtem Schnee lagen. Nichts Verdächtiges war zu sehen, keine Spuren von Menschen. Als sie näher herankamen, bemerkten sie die Ruine eines Bauernhofes, die von einer Reihe dichter Tannen verdeckt war. Je näher sie kamen, umso intensiver wurde der Brandgeruch. Sie blieben vorsichtig im Schutz des Holzstoßes und beobachteten das zerstörte Anwesen. Ein Teil des Wohnhauses schien noch unversehrt zu sein. Sie umkreisten das Grundstück, um nicht Gefahr zu laufen, entdeckt zu werden. Kein Qualm mehr, das verbrannte Holz war nass und glänzte im Tageslicht, keine Bewegungen oder Geräusche.

»Wahrscheinlich ein Fliegerangriff«, sagte Sergej leise.

»Schießen die auch auf Bauernhöfe?«

»Was denkst du denn! Die Deutschen halten ja immer noch zu ihrem Hitler. Das haben sie nun davon.«

»Ein kaputter Bauernhof nützt niemandem«, sagte sie.

Sergej zuckte die Schultern. »Der ganze Krieg nützt niemandem.«

Sie näherten sich dem Teil des Gebäudes, das unzerstört zu sein schien. An der Vorderfront hingen noch frische Gardinen an den Fenstern, ein vergessener roter Weihnachtsmann baumelte im ersten Stockwerk am Fensterkreuz.

»Ob wir mal nachsehen?«, fragte Ännchen.

»Es könnte sein, dass jemand drin ist«, sagte Sergej, »aber wir riskieren es. Bisher hat sich nichts gerührt. Vielleicht gibt es noch Lebensmittel. Wäre nicht schlecht, oder?«

Durch die Fenster konnten sie nichts erkennen. Sergej legte die Hand auf die Türklinke, sie war nicht verschlossen. Als sie in den Flur traten, schrie Ännchen leise auf.

In der Türe zum Wohnzimmer hing ein Mann. Der Strick war um einen dicken Nagel geschlungen, unter den sanft hin- und herpendelnden Beinen lag ein Stuhl auf dem Boden. Der Mann trug Hosenträger, eine dunkelgrüne Hose und klobige Arbeitsschuhe.

»Der Bauer?!«, sagte Ännchen. Sergej nickte.

»Wer hat ihn umgebracht?«

»Es sieht so aus, als habe er es selbst getan«, sagte er und blickte sich in dem Zimmer um. »Vielleicht aus Verzweiflung. Wer weiß, wer bei dem Angriff und dem Brand alles umgekommen ist ... Vielleicht seine ganze Familie.«

»Ich bleibe draußen«, sagte Ännchen, ihre Stimme war heiser, »wenn du willst, geh hinein. Ich warte auf dich.«

Sie setzte sich in den Schutz des aufgeschichteten Holzes, noch das Bild des Erhängten vor Augen. Wenn einer alles verliert, will er nicht mehr hier bleiben, dachte sie. Sie beruhigte sich und blickte eine Waldschneise hinunter. Nichts rührte sich. Da plötzlich war eine Bewegung an den Büschen, vielleicht achtzig Meter entfernt. Zwei Gestalten traten aus dem Wald. Sie gingen schleppend, überquerten die freie Fläche. Sie stützten sich gegenseitig, ihre Köpfe waren mit Mullbinden umwickelt und leuchteten weiß. Sie trugen Soldatenmäntel und Rucksäcke. Waffen konnte sie nicht erkennen. Sie schlugen die andere Richtung ein, schienen den abgebrannten Hof nicht zu sehen. Ännchen war versucht Sergej zu warnen. Sie konnte nicht rufen, um sich nicht zu verraten. Vermutlich war die Gefahr, von den Männern entdeckt zu werden, vorüber.

Sergej kam aus dem Gebäude, schloss die Türe hinter sich und suchte mit den Augen Ännchen. Sie bedeutete ihm still zu bleiben. Sie hockten sich hinter den Holzstoß.

»Dahinten, vielleicht hundert Meter entfernt, sind zwei Soldaten über die Lichtung gegangen, mit verbundenen Köpfen.«

»Warum hast du mich nicht gerufen?«

»Sie gingen in die andere Richtung. Sollte ich vielleicht laut schreien?«

Sergej sagte nichts.

»Was war dadrin?«, fragte sie.

»Es ist grässlich, durch ein Haus zu gehen, wenn Tote herumliegen«, sagte er, »dadrinnen ist alles rätselhaft. Im hinteren Teil habe ich zwei tote deutsche Soldaten gefunden. Jemand hat sie sorgsam an die Wand gesetzt, als sollten sie ausruhen. Mit Schusswunden. Vielleicht Deserteure, wer weiß. Sie hatten keine Papiere mehr bei sich. Aber ein bisschen Geld.« Er zeigte ihr zerknitterte Scheine. »Und eine Feldflasche, die können wir gebrauchen.«

»Warum hat sich der Mann aufgehängt? Was meinst du?«

»Kann sein, sie haben ihn gezwungen, kann sein, er hat es so gewollt.«

»Und die Soldaten?«, fragte sie.

»Wenn man das wüsste. Es ist schrecklich, ich möchte nie mehr etwas mit Leichen zu tun haben. Man meint in einer Welt zu sein, die nicht mehr nach Hause findet.«

Sie legte ihm die Hand auf seinen Arm.

»Es geht vorbei«, sagte sie mitfühlend.

»Wenn man nur einen Toten sieht«, sagte er, immer noch gefangen in seinen Eindrücken, »kann man über ihn nachdenken, über sein Schicksal. Kann sogar trauern. Wenn es mehrere sind und dann auch noch Ermordete, kann man sich nur abwenden. Weil man es nicht begreift. Abwenden hilft einem trotzdem nicht viel.«

»Hast du schon viele Tote gesehen?«, fragte Ännchen.

»Frag mich besser nicht! In Russland ... Es war die Hölle. Irgendwann, denkt man, macht es einem nichts mehr. Aber es macht mir immer etwas.«

»Der Bauer da, am Strick. Sollen wir ihn nicht abnehmen und wenigstens ordentlich hinlegen?«

»Hab ich schon gemacht«, sagte Sergej, »mehr kann ich nicht für ihn tun. Ich habe ihn auf das Sofa gelegt. Armes Schwein, ganz steif war er. Die Soldaten waren jung, noch keine zwanzig. Ich frag mich, warum sie keiner abholt, die Toten meine ich. Und sie beerdigt.«

»Vielleicht weiß noch niemand, was hier passiert ist«, gab sie zu bedenken. Sergej schüttelte den Kopf.

»Das ist nicht wahrscheinlich. Das ganze Vieh ist weg, unter den Trümmern war nichts mehr davon zu sehen. Die Feuerwehr war auch hier.«

Zum ersten Mal seit ihrem Aufbruch aus Bredenbock hörten sie das Dröhnen von Flugzeugen, direkt über sich. Sie liefen gebückt in den Schutz eines Baumes und sahen die Bomber in tiefem Flug nach Norden ziehen. Es waren fünf.

»Ob sie auf uns schießen würden?«, überlegte Ännchen.

»Glaube ich nicht. Es sind englische Bomber. Die wollen eine Stadt aufs Korn nehmen.«

Ännchen dachte an Lüneburg.

Sie warfen einen letzten Blick auf den Hof und vernahmen einen dumpfen Widerhall in ihrem Innern, eine niederdrückende Spur von Schrecken. Das Bild des erhängten Bauern war unwirklich gewesen, wie ein altes Foto, das ihnen zufällig in die Hand gefallen war und vor den Augen flimmert. Sergej hockte sich noch einmal hin und versuchte sein Messer in den Boden zu stoßen.

»Eigentlich gehört es sich, sie zu beerdigen. Aber der Boden ist noch gefroren. Besser, wir machen, dass wir davonkommen.«

Sie tauchten wieder unter im Dunkel des Waldes, bewegten sich vorsichtig und wechselten die Richtung, weil sie an die verwundeten Soldaten dachten, die irgendwo durch die Wälder gingen wie sie selbst.

»Die beiden waren noch ganz jung, so ungefähr wie ich«, sagte Sergej. »Schade.«

»Mein Papa hat den Krieg gehasst«, sagte Ännchen. Plötzlich wurden ihr für einen Augenblick die Knie weich und sie taumelte. Sergej fing sie auf.

»Was ist?«, fragte er.

»Es geht schon.« Sie nahm sich zusammen und ging weiter. Hatte sie Schwäche überfallen, weil es der erste Tote war, den sie gesehen hatte? Was hatte sie mit dieser Leiche zu tun? Sie zwang sich das Bild aus dem Kopf zu verdrängen.

Nach fast einer Stunde Weg, den sie schweigend zurückgelegt hatten, sagte Sergej:

»Meine Mutter ist schon viele Jahre tot, ich habe sie nur als Kind erlebt.«

»Erzähl mir davon«, forderte Ännchen ihn auf.

Er blickte sie mit verhangenen Augen an.

»Ich hätte nie gedacht, dass ich einmal nach meiner Mama gefragt werde«, begann er. »Es ist nicht so leicht, davon zu sprechen. Wenn man keine Mutter mehr hat, vermisst man sie vielleicht besonders ... Sie war eine zärtliche Mama, eine stolze Frau. Sie war Ärztin. Mein Papa ist ein grober Kerl und unfreundlich, immer hat er gesoffen. Vielleicht weil er Mama so früh verloren hat.«

»Hast du noch Geschwister?«, fragte sie.

»Zwei Brüder, die sind beide im Krieg, wer weiß wo.

Und vier Schwestern. Als sie mich zum Militär eingezogen haben, waren sie noch zu Hause in Pskov und haben geweint. Er ist doch noch so klein, haben sie gejammert.« Er lachte. »Papa hat nur gesagt: Du bist noch klein, aber du kannst ein guter Soldat werden, jag die Deutschen zum Teufel. - Ich weiß nicht, wo sie jetzt sind, ich habe keine Post bekommen. Hast du Geschwister?«

»Einen Bruder. Er heißt Christian und ist in Russland vermisst.«

»Das ist besser als tot«, sagte er, »hoffentlich siehst du ihn wieder.«

»Wie soll das gehen? Vielleicht liegt er wie so viele andere verscharrt irgendwo in Russland. Mein Papa vielleicht auch«, sagte sie.

»Denk so etwas nicht! Wenn der Krieg endlich aus ist, kommen sie sicher wieder ... Wenn ich dann noch da bin, was sagst du dann, wer ich bin?«, fragte er und grinste.

»Ich behaupte, du wärst eigentlich ein russischer Prinz, aber jetzt mein persönlicher Diener und Fremdarbeiter. Und du musst jeden Morgen für mich das Feuer im Herd anmachen, weil ich so viel gefroren habe!«

»Wenn du einmal nach Russland kommst«, sagte er und machte ein paar unbeholfene schwankende Tanzschritte auf dem Waldboden, »und du und ich treffen uns ... dann würde ich auf die Stadtmauer von Pskov steigen, da herumrennen und ganz laut schreien und die ganze Stadt zu einem riesigen Fest für dich einladen.«

Ännchen lächelte verlegen.

Sie sehnten sich nach einem Bad, denn es juckte überall. Wenn sie sich abends zum Schlafen legten, merkten sie, dass sie stanken, und versuchten sich davon nicht stören zu lassen. Sie wechselten immer wieder die Hosen und Hemden, aber es nützte nicht viel gegen den Geruch von Schweiß. Sie flüsterten vor dem Einschlafen und überlegten, ob sie sich an einem Bach oder an einem Teich ganz schnell ausziehen sollten, um sich zu waschen und eilig wieder anzuziehen. Dann würden sie schnell laufen, um warm zu werden.

Sie trafen schon in der nächsten Nacht auf einen Waldsee, der nicht gefroren war, und machten es genau, wie sie es sich vorgenommen hatten. Es war kalt und im Mondschein schien alles wie eine Welt aus Kälte und silbernem Licht. Sie standen beide nackt im Wasser und sahen ihre Körper wie helle Schatten, als wäre alles um sie herum Dunkel und nur die Schatten leuchtend. Ännchen war sich in diesem Augenblick sicher, dass sie das Bild der beiden weißen Körper im Mondschein nie vergessen würde. Sie hechelten wegen der Kälte und rieben gegenseitig ihre Haut, um warm zu werden. Sie hatten kein Handtuch und benutzten eines der Hemden aus dem Bündel, das Sergej mitschleppte. Es trocknete schlecht, weil es Leinen war, aber das Bad hatte sie erfrischt und gestärkt. In ihre Hemden, Jacken und Mäntel gepackt, wurden sie wieder warm und fühlten sich gut. Sie gingen ein paar Stunden und suchten im Morgengrauen nach einer Unterkunft.

»Wir beide weiß und nackt im Mondschein, das werde ich nie in meinem Leben vergessen«, sagte Sergej.

In der sechsten Woche kam ein Waldschuppen in Sicht, eine Hütte der Holzfäller oder Waldarbeiter. Sie hatten von einem Einbruch in einer Bäckerei noch Vorräte zum Essen und beschlossen hier den Tag zu verbringen.

»Wenn wir einen Eingang finden«, murmelte Sergej vor sich hin und ging um das Gebäude herum.

»Vielleicht ist ja die Türe offen«, sagte sie und zog an einem Holzknüppel, der lose an einem Kettchen baumelte. Die Türe ließ sich leicht öffnen, sie war zu ihrer Überraschung nicht verschlossen. Ännchen ging in das Dunkel hinein und versuchte sich zu orientieren. Staubige Balken, eine alte Mähmaschine, Heu hing zwischen den Holzbalken herab, das den Schuppen in zwei Räume teilte. Sie blieb stehen, um die Augen an die Dunkelheit zu gewöhnen.

Da legten sich harte Männerhände um ihren Mund, sie wurde auf den Boden gerissen und schlug mit dem Kopf auf etwas Hartes, auf einen Betonsockel oder einen Balken. Noch bevor sie sich vergegenwärtigen konnte, was vor sich ging, und den stechenden Schmerz an ihrem Kopf spürte, verlor sie das Bewusstsein. Sie lag auf dem Rücken.

Der Mann lauerte jetzt neben der Türe. Sergej kam ahnungslos herein und rief ihren Namen. Der Mann schlug Sergej mit einem Knüppel auf den Kopf. Er fiel seitlich auf einen Haufen staubiger Säcke. Der Fremde betrachtete ihn misstrauisch, zerrte an seinem Mantel. Als er sah, dass es sich um ein Kind handelte und das kleine Kerlchen bewusstlos war, wandte er sich dem Mädchen zu.

Er riss ihren Mantel auf, die Knöpfe fielen zwischen die

Holzdielen und in das verstreut liegende Heu. Er zerrte an dem Strick, der ihre Hose hielt, öffnete ihn und begann sie auszuziehen. Er murmelte vor sich hin.

Sergej erwachte von stechendem Schmerz. Er wusste sofort, wo er war. Er rührte sich nicht, nur seine Augen versuchten etwas zu erkennen. Er sah Bewegungen, vielleicht fünf Meter entfernt. Dann hörte er die Geräusche, die der Mann von sich gab.

Er schmatzt wie ein Schwein vor dem Trog, dachte Sergej. Er konnte nicht genau erkennen, was der Mann machte, aber sah undeutlich, dass Ännchen unter ihm lag. Er zog vorsichtig die Pistole aus seiner Manteltasche und entsicherte sie. Der Mann schien das leise Klicken nicht gehört zu haben. Sergej drückte ab.

Der Schuss streifte den Fremden am linken Arm und riss eine Wunde. Mit einem Schrei und ungläubigem Erstaunen erhob er sich halb und sah zu Sergej hinüber. Er sah die Waffe in der Hand des Jungen und dass er seinen Blick auf ihn gerichtet hielt. Der Mann sagte etwas und Sergej antwortete.

Da traf den Mann mit Wucht der Ziegelstein auf den Hinterkopf. Er fiel seitlich und Ännchen schlug ihn noch einmal. Sie tat es heftig, obwohl ihre Hand zitterte. Sie hielt den Stein noch erhoben, um vielleicht noch einmal zuzuschlagen. Sie warf einen schnellen Blick auf die besinnungslose Gestalt neben sich. Sie richtete sich auf, um ihre Kleider in Ordnung zu bringen.

»Verflucht, fast alle Knöpfe ab … Wenn den Schuss jemand gehört hat«, sagte sie und rieb sich den schmerzenden Kopf, »dann haben sie uns.«

»Wir sind hier im Wald. Ich habe keinen Ort in der Nähe gesehen«, sagte er, befühlte seine Wunde am Kopf und sah auf seine Hand. Sie war blutig.

»Vielleicht denken sie, ein Jäger wäre unterwegs«, sagte sie und stand auf, »oder Soldaten hatten hier eine Schießerei. Meinetwegen können sie denken, was sie wollen.«

Sergej war nicht verborgen geblieben, dass ihre Stimme seltsam hart geklungen hatte. Er sah sie verstohlen von der Seite an und schwieg.

Beide gingen sie vorsichtig auf die Fensteröffnung zu, um nach draußen zu sehen. Die Landschaft lag sanft und einsam im Morgengrauen.

Ännchen stolperte plötzlich ein paar Schritte, ging zur Seite, taumelte auf einen Balken zu und hielt sich fest, den abgewandten Kopf seitlich an das Holz gepresst. Sie sagte nichts und Sergej schwieg auch, als ahne er, dass etwas Erschreckendes in ihr vorging. Er hörte ihr heftiges Atmen und ein Wimmern und war versucht sich ihr zu nähern und seinen Arm um sie zu legen. Aber es war ein Panzer von Unnahbarkeit um sie, wie ein unsichtbarer Schutz, und er blieb atemlos an seinem Platz am Fenster stehen.

In Ännchens Körper würgte es ein paar Mal, als müsse sie sich übergeben, aber es ging vorüber. So verharrten sie vielleicht fünf oder zehn Minuten, als sie sich plötzlich umdrehte und ihn anschrie:

»Du Arsch! Du verdammter Russe! Du hast mich mit

ihm allein gelassen! Warum hast du ihn nicht besser getroffen! Du hättest ihn mir leicht vom Hals schaffen können, den Strolch!«

Sie stand immer noch an den Balken gelehnt, zitterte am ganzen Körper und starrte ihn an. Er sah hilflos das Zucken ihrer Augenlider, ein Lodern im Blick der kalten Augen und auch ihr ganzes Elend, das sich mit ihrem Zorn verband.

Da ist noch etwas, das ich nicht verstehe, dachte er hilflos.

Sein spontanes Schuldgefühl, als er ihre Vorwürfe gehört hatte, verlor sich schnell. Behutsam ging er auf sie zu, blieb vor ihr stehen. Sie rührten sich nicht und er wagte es immer noch nicht, sie anzufassen. Seine Arme hielt er seitlich ausgestreckt, als wolle er sie auffangen, seine Wehrlosigkeit zeigen oder sie zu einer Umarmung einladen. So blieb er stehen. Bis sie sich langsam näherte. Noch minutenlang war ihr Körper steif, dann löste sich die Starre und sie ließ zu, dass er schüchtern seine Arme um sie legte.

So standen sie unbeweglich in der Dunkelheit und schwiegen. Bis er sie vorsichtig und langsam an das Fenster zog und ihnen einen Platz aus Heu und Säcken bereitete. Er redete leise und beruhigend auf sie ein.

»Wir sind ja jetzt wieder allein, keine Sorge. Es geht vorbei, Prinzessin. Niemand tut dir etwas, dafür sorge ich, glaub mir. Keiner rührt dich mehr an. Ich gehe keinen Schritt mehr von deiner Seite, wenn es nicht nötig ist. Bestimmt! … Es geht vorbei, komm, setz dich …«

Er öffnete, immer noch leise weiterredend, sein Bündel und hielt ihr Käse und Brot hin. Ännchen nahm es und aß. Mit seinem schmutzigen Taschentuch wischte er ihr fürsorglich die Tränen vom Gesicht. Sie ließ es geschehen, als sei es ganz normal, und griff nach der Flasche, die er in der Hand hielt. Aber er zog sie ihr weg und grinste.

»Das ist nichts für dich«, sagte er und lachte, »das ist nur für Männer.«

»Red keinen Blödsinn, Russe!«, sagte sie.

»Riech mal!« Er hielt ihr die offene Flasche hin.

Es war Alkohol, Weinbrand wahrscheinlich. Wie bei meinem Papa, dachte sie.

»Ich will was trinken. Ist kein Wasser mehr da?«, fragte sie. Ihre Stimme war noch belegt und hart. Er löste die zweite Flasche von seinem Gürtel und reichte sie ihr. Sie setzten sich im schwachen Licht auf das Bündel nieder und aßen schweigend.

»Gleich trinken wir den Schnaps«, sagte er zufrieden.

»Ich werde auch probieren. Verlass dich drauf!«, sagte sie und er nickte. Sie kümmerten sich nicht um den Mann, der zwei oder drei Meter von ihnen entfernt lag und sich nicht rührte, und sie sprachen erst über ihn, als sie begonnen hatten den Weinbrand zu trinken. Ännchen erinnerte sich an jenen Abend mit ihrer Mutter, als sie erfahren hatte, warum Papa abgeholt worden war. Sie sah wieder ihre Mama vor sich, die Beine unordentlich ausgestreckt, ihr betrunkenes Gesicht und ihre trunkene Art zu sprechen. Sie fand es jetzt nicht mehr so schlimm. Im Gegenteil fühlte sie sich ihrer

Mutter näher als jemals zuvor, so als wären sie endlich Gefährtinnen. Sie lächelte beim Gedanken an Mamas ständiger Forderung nach ihrer Frömmigkeit. Sie konnte keinen Ärger mehr darüber empfinden. Ihre Mutter erschien ihr in einem gütigen Licht. Sie nahm die Feldflasche und trank vorsichtig. Sie spürte, wie das scharfe Getränk in ihren Körper eindrang und wie ihr nach dem dritten Schluck warm und angenehm und ein wenig schwindlig wurde.

»Was hast du mit diesem Kerl da geredet?«, fragte sie. Sie lehnten beide bequem mit dem Rücken gegen ein Polster aus Kartoffelsäcken, die Sergej gegen den Zug durch die Ritzen neben der Fensteröffnung aufgeschichtet hatte.

»Er ist wahrscheinlich ein Russe«, sagte er und nahm noch einen Schluck, »er sagte auf Russisch, er wolle dich ficken, weiter nichts. Das würde niemandem schaden. Er würde uns nichts tun und ich sollte nicht noch einmal schießen. Ein Russe dürfte nicht auf einen Russen schießen, wir hätten ja das gleiche Vaterland. Aber da hatte ich ihm schon eine verpasst. Paff!« Er machte mit seiner Rechten eine Schießbewegung in die Luft.

»Was hast du zu ihm gesagt?«, fragte sie

»Ich sei ein Soldat aus Pskov und mit Leuten von seiner Sorte würde ich normalerweise kurzen Prozess machen«, sagte er kauend.

»Du bist ein Großmaul. - Wusstest du, dass er ein Russe ist?«, fragte sie.

»Nein, ich bin auch jetzt nicht ganz sicher. Er sprach Russisch auf eine komische Art. Wie soll man da sicher sein?!«

»Als ich wach wurde, wusste ich sofort, was los war«, sagte Ännchen. »Ich konnte nicht an das Messer, aber da lagen Ziegelsteine herum. Ich hatte schon einen in der Hand, als der Schuss losging und ihr irgendwas geredet habt … Ich hatte Angst, dass ich ihn nicht richtig treffen würde«, sagte sie. »So war alles einfacher. Was machte er hier?«

»Keine Ahnung. Vielleicht ein Fremdarbeiter aus einem Dorf, der die Nase voll hatte und hier das Kriegsende abwarten wollte. Oder ein Kriegsgefangener, der auf der Flucht war. Auf jeden Fall ein Dreckskerl. Ich wundere mich, dass wir nicht schon mehr Flüchtlingen begegnet sind. Die hauen jetzt alle ab.«

»Hättest du auch geschossen, wenn du sicher gewesen wärst, dass es ein Russe war?«, fragte Ännchen und sah ihn von der Seite her an.

»Was denkst du denn … Sicher hätte ich ihm eine verpasst«, sagte Sergej ohne zu zögern.

Als die Nachtkälte einsetzte, verlegten sie ihr Lager ins Innere der Hütte, lehnten gegen das Heu, legten Säcke auf Beine und Körper und packten Heu darüber, um warm zu werden. Es war angenehm.

Sie tranken und schwiegen und genossen die Wärme und Sicherheit.

»Es sah gefährlich aus, wie er da an dir herumgemacht hat«, sagte er, während er in seinen Hosentaschen kramte. »Ich suche meine Zigaretten«, murmelte er. Er musste lange unter Heu und Säcken kramen, um sie zu finden.

»Ob er Streichhölzer hat?«, überlegte er. Er wühlte sich aus seiner wärmenden Decke und ging noch einmal zu der Leiche. Ännchen sah im Dunkeln, wie er sie untersuchte. Er kam mit einem Sturmfeuerzeug zurück und einem Stück Butterkuchen, wie Ännchen ihn von Fritsches kannte.

»Das hatte er bei sich.« Er gab Ännchen den Kuchen. Sie roch daran und sie begannen sogleich ihn zu essen.

»Hast du schon mal geraucht?«, fragte er. Sie schüttelte den Kopf, nahm die brennende Zigarette aus seiner Hand und sog daran. Sie hustete, aber sie rauchte weiter.

»Mach dir eine eigene an«, sagte sie und beide wurden heiter. Ännchen schlug vor, am Abend, wenn sie weitergehen würden, den Stall in Brand zu setzen, aber Sergej schüttelte den Kopf.

»Das sieht man meilenweit. Zu gefährlich. Wir gehen ganz normal am Nachmittag los, wie zwei Flüchtlingskinder. Vielleicht bleiben wir auch noch über Nacht hier. – So viele schöne warme Kartoffelsäcke ...!«

»Ob er wirklich tot ist, der Strolch?«, murmelte sie und legte sich zum Schlafen zurecht. Alles drehte sich in ihrem Kopf und sie lächelte betrunken vor sich hin.

»Wo hast du den Schnaps her?«, fragte sie.

»Damals, die toten deutschen Soldaten auf dem Bauernhof. Einer hatte Schnaps und Zigaretten dabei. Ich habe ihm alles weggenommen. Er brauchte nichts mehr.« Er drehte sich auf die Seite, Ännchen lag dicht neben ihm.

»Keine Sorge«, sagte er, »der wird schon langsam kalt, der alte Russe.«

»Meine Mama habe ich einmal betrunken erlebt«, sagte Ännchen.

»Hat sie oft getrunken?«

»Nur einmal, soviel ich weiß«, antwortete sie.

»Was war da los?«, fragte Sergej.

»Als sie mir gesagt hat, warum sie Papa abgeholt haben. Die Nazis.«

»Wegen der gelben Sterne, oder?«

Ännchen nickte, aber sie antwortete nicht mehr. Ihre Gedanken umkreisten ungeordnet jenen Abend in ihrem Wohnzimmer in Lüneburg. Er murmelte noch:

»Ich verstehe nicht, warum er das gemacht hat.«

Sie lagen eng aneinander geschmiegt. Sergejs Nähe, die wohlige Wärme des Alkohols und die Erinnerung an ihre Mutter ließen bei Ännchen alle Unruhe verstummen. Der Alkohol hielt beide noch eine Zeit lang wach und Ännchen bemerkte erstaunt, dass sie ohne Grund vor sich hin lächelte.

Sergej fühlte sich in seiner Trunkenheit wie ein Mann, der unbesiegbar ist und dem niemand auf der Welt etwas anhaben kann. Ich bin kein Kind mehr, dachte er. Es ist besser, wenn man im Krieg nicht allein ist und einen Engel an der Seite hat, dachte er.

Wo habe ich diese Engel eigentlich gesehen? War das in einer der Kirchen zu Hause in Pskov?

Plötzlich erinnerte er sich ganz deutlich an die strengen Gesichter der Engel und die bunten Farben. Er war damals nicht alleine gewesen, seine Mutter ging neben ihm. Es war an einem Sommertag. Er, Sergej, ging an der Hand seiner Mutter durch das kühle Kirchenschiff. Sie waren ganz alleine. Die Sonnenstrahlen fielen durch die bunten kleinen Fenster. Seine Mutter hatte ihm leise die Bilder erklärt und jetzt war ihm so, als höre er ihre Stimme.

Eigentlich glaube ich nicht an Engel, dachte er. Es könnte ja sein, das mit den Engeln, oder? Wenn ich mich jetzt entscheiden würde, für alle Zeit würde ich an sie glauben. Wenn Mama es geglaubt hat, wäre es ein Grund mehr …

Wäre Mama doch noch auf der Welt …

Ännchen schläft schon, glaube ich. Sie ist warm wie niemand sonst auf der Welt, dachte er und schloss die Augen.

Er schob seine Hand vorsichtig unter ihren Arm, umfasste ihren mageren Körper, bemühte sich ihre kleinen Brüste nicht zu berühren und schlief ein.

Sie wurden wach, als sie ganz nah menschliche Stimmen und Jaulen und Kläffen von Hunden hörten. Draußen war heller Tag. Sergej bedeutete ihr mit einer Geste, sich ganz unter das Heu zu verkriechen. Er stand auf und schaute vorsichtig durch die Ritzen in der Wand. Er blieb lange dort stehen, auch als sich die Stimmen schon entfernten.

»Das waren Feldjäger. Oder Polizei«, sagte er. »Ich konnte nicht verstehen, was sie geredet haben. Gut, dass der Wind aus Westen kam, sonst hätten die Hunde uns verraten. Dann wäre alles aus gewesen. Mit der Leiche – die hätten vielleicht geguckt! Vielleicht hätte ich sie umgelegt, alle. Paff, paff!« Sie lachten, kauten etwas Brot und lutschten schmutzige Eisbrocken, die im Schatten der Waldhütte herumlagen, denn ihre Flaschen waren leer. Beide hatten Kopfschmerzen. Sergej schlug vor, dass sie sich verharschten Schnee auf die Stirn legen sollten, um den Kopf zu kühlen.

Sie gingen noch einmal in den Schuppen zurück, um zu sehen, ob der Tote noch etwas Brauchbares bei sich hatte. Sergej hatte sich über den Mann gebeugt und untersuchte seine Taschen. Ännchen guckte durch die Ritzen in der Holzwand.

»Still«, flüsterte sie und machte eine Handbewegung, »einer der Männer kommt zurück.« Sergej schlich zu ihr hin. Sie konnten durch die Spalten deutlich sehen, dass der Mann noch gut hundert Meter entfernt war. Er trat aus dem Wald und kam geradewegs auf die Hütte zu. Er trug Uniform und hatte ein Gewehr in der Hand. Er war scheinbar ahnungslos, denn er trällerte vor sich hin und schien ganz gelassen zu sein.

»Vielleicht will er uns täuschen. Was machen wir?«, flüsterte Ännchen. Sie sah, dass Sergej zitterte und schon die Pistole in der Hand hielt.

»Wir warten ab«, sagte er leise und ängstlich, »wenn er hier hereinkommt, muss ich ihn erschießen.«

»Die anderen Männer werden den Schuss vielleicht hören«, flüsterte sie, »geht es nicht anders? Ist er ein Deutscher?«

»Vielleicht ein Feldjäger, ich weiß nicht«, sagte Sergej. »Vielleicht sind sie auf der Suche nach uns ... Einen Schuss hört man meilenweit.«

Der Mann kam näher.

»Können wir ihn nicht besinnungslos schlagen? Mit dem Knüppel?«, schlug sie flüsternd vor.

»Ich weiß nicht. - Meinst du, ich mach das gern?«, fragte Sergej.

»Ob er eine Familie hat?«

»Er ist noch ganz jung.«

»Warum kommt nur einer zurück?«, flüsterte Ännchen.

»Wenn ich das wüsste. Vielleicht ist es ein Trick«, sagte Sergej leise und entsicherte die Pistole. Er trat einen halben Schritt zurück und legte den Lauf an die Spalte. Ännchen lief an die Türe und kam mit dem Knüppel zurück, mit dem der Russe Sergej geschlagen hatte.

»Was willst du mit dem Knüppel machen? Das hat keinen Sinn. Er hat ein Gewehr«, zischte er leise.

Ännchen traf ohne lange zu überlegen eine Entscheidung. Sie wusste nicht, was es ausgelöst hatte. Sie wurde von einer Ruhe erfasst, so als habe sich in ihrer Seele ein Sturm gelegt, als wären alle wirren Ängste verflogen. Sie legte langsam den Knüppel auf den Boden, strich sich über die Haare und legte eine Hand auf Sergejs Schulter.

»Schieß nicht!«, sagte sie bestimmt und in einem Tonfall, der keinen Widerspruch zuließ. »Schieß nicht!«

Er sah sie fragend an, bemerkte den entschlossenen Blick trotz der hektischen Flecken in ihrem Gesicht.

»Es ist genug, das mit dem Russen ... Wenn wir es wieder tun, geht es dir und mir irgendwann sehr schlecht«, flüsterte sie.

Der Mann war auf zehn Meter herangekommen, sie hörten jetzt seine Schritte auf dem gefrorenen Boden. Sergej ließ die Pistole sinken, er tat es langsam, wie unter einem Zwang.

»Weil sie uns sowieso fassen?« Er trat unruhig von einem Bein auf das andere und wischte seine rechte Hand am Mantel ab. Sie antwortete nicht.

»Du hast Recht«, flüsterte er. »Besser, sie schnappen uns jetzt, als noch einen umlegen. Ich wollte nie jemanden töten, glaub mir das.« Er hatte es mehr gestammelt als gesprochen. Er hockte sich hin, presste seine Arme an den Körper, um sein Zittern zu unterdrücken.

»Ich weiß das doch«, sagte sie, beugte sich zu ihm hinab und streichelte aus einer plötzlichen Eingebung heraus seine Wange. Sie sah, dass ihm die Tränen liefen. Sie ließ von ihm ab und legte ihr Auge an die Ritze in der Holzwand. Der Mann war noch fünf Meter von der Hüttenwand entfernt und Ännchen sah ihn jetzt genau, die Knöpfe an seiner Uniform lässig offen, ein Abzeichen an der Brusttasche, die schräg aufgesetzte Soldatenmütze. Sie sah mit ruhiger Gelassenheit zu ihm hinüber.

Kurz bevor der Mann die Hütte erreicht hatte, bückte er sich plötzlich, nahm ein Hundehalsband vom Boden auf, wischte den Schmutz ab und kehrte fröhlich vor sich hin pfeifend um. Beide starrten ihm nach, wortlos und immer noch leise atmend, so als könnten sie nicht glauben, was sie sahen.

Sie ließen sich, ohne ein Wort zu sprechen, auf die Säcke

fallen, starrten zum Dunkel des Heubodens hinauf und atmeten tief. Ännchen spürte, dass die letzten Minuten all ihre Kraft gekostet hatten, und sie zitterte. Sie fühlte sich in ihrem Innern aber immer noch ruhig und gewiss. Vorsichtig tastete sie nach Sergejs Hand neben ihr.

Das Tauwetter war vorüber, aber es hatte seit Tagen nicht mehr geschneit. Mit jedem Schritt knarrte gefrorenes Gras und Laub unter ihren Füßen.

Sie hatten schmutzige Gesichter, an Hosen und Mänteln hingen die Reste von Stroh und Heu von Ställen und Heuschobern. Sie verwendeten keine Mühe mehr darauf, sich zu säubern. Sie gingen täglich fünf bis sechs Stunden und machten sich auch wegen des Essens keine großen Sorgen mehr, weil ihr Hunger schwieg. Sie tranken aus den Bächen, immer seltener mussten sie noch das Eis aufhacken. Ihr Geld war ausgegeben. Zweimal war Ännchen in Geschäften abgewiesen worden, weil sie keine Lebensmittelkarte vorzeigen konnte. Von da an war sie nicht mehr in Geschäfte gegangen, sondern hatte bei Bauern an der Türe geklopft. Einmal war es gelungen, gekochte Eier zu bekommen. Die Bauern wollten kein Geld annehmen und fragten nach Wertsachen. Sie nahmen mürrisch das Geld und steckten es achtlos ein. Ännchen hatte eine Bäuerin gefragt:

»Wann ist der Krieg vorbei?«

Die Frau hatte Ännchen voller Mitgefühl angesehen.

»Bald, mein armes Kind. Bald!« Dann war Ännchen gegangen. Sie fragte ein paar Mal in abgelegenen Höfen, ob sie in der Scheune übernachten dürften, aber sie wurde immer abgewiesen. Die Leute hatten Angst.

»Das geht nicht, in solchen Zeiten, das musst du verstehen«, hatte sie immer wieder gehört.

Als sie erstaunt feststellte, dass die Menschen vor ihr Angst hatten, nutzte sie es aus, um etwas zu essen zu erbetteln. Sergej hatte ihr eingeschärft, dass sie essen müssten, auch wenn sich der Hunger nicht mehr meldete.

Vielleicht sind diese Bauern nicht hartherzig und bedauern uns nicht helfen zu können, dachte Ännchen müde. Solche Gedanken waren wie ein Reflex und der Versuch, gerecht zu bleiben. Keiner wollte ihr etwas Genaues über den Krieg sagen. Auf dem Rückweg, über viele Umwege in den Wald, wo sie Sergej treffen würde, dachte sie, dass sie vielleicht gar nicht mehr den Weg zur Elbe oder nach Russland suchen, sondern einfach nur weitergehen sollten und auf das Ende des Krieges warten. Sie wusste nicht, was dann sein würde. Es wäre eine andere Zeit und sie verwandte keinen Gedanken daran.

Sie hatten das große Anwesen im Morgengrauen auf einer Waldlichtung entdeckt, still und offenbar verlassen. Alles kam ihnen im nebligen Licht unwirklich vor, der gepflegte Garten, der breite vornehme Treppenaufgang mit Figürchen von Tieren und Blumen, die Verzierungen am Gemäuer, die großen blinden Fenster. Sie schlichen sich im Schutz eines Nebengebäudes heran und entdeckten ein Kellerfenster. Es ließ sich leicht öffnen. Sergej kroch voran und winkte ihr.

Sie standen in einem saalartigen großen Gewölbe, voll gestellt mit Möbeln, aufgestapelten Teppichen und Hausrat. Es war kaum ein Durchkommen. Sie suchten sich, über die abgestellten Gegenstände steigend, vorsichtig einen Weg in den hinteren Teil des Raums. Sie legten sich still auf ein Lager von weichen Teppichen, die Sergej hinter sich hergezogen hatte, und schliefen tief. Völlige Ruhe umgab sie, auch noch, als sie am Abend erwachten. Sie lauschten, aber das Anwesen schien verlassen zu sein. Trotzdem vermieden sie jedes Geräusch und aßen ihre restlichen Vorräte. Sie blieben einen weiteren Tag und eine Nacht, dämmerten vor sich hin.

Als ihnen das Wasser ausgegangen war, machte sich Sergej mit der Flasche auf die Suche nach einem Wasserhahn. Ännchen war ermattet liegen geblieben, sie lauschte auf die schwachen Geräusche, die er verursachte. Er stieg die Treppe hoch, sie wartete geduldig.

Sie musste noch einmal eingeschlafen sein. Als sie erwachte, war sein Gesicht ganz nahe über ihr. Er kniete auf den Teppichen, seine Augen waren starr und getrübt, er sagte nichts. Er gab ihr mit unsicheren Händen die gefüllte Flasche, legte sich mit angezogenen Beinen hin und drehte sich still zur Wand. So blieb er liegen, Ännchen wusste nicht wie lange, vielleicht zehn oder fünfzehn Minuten. Sie war ganz wach, sie wusste, dass etwas geschehen war, etwas außerhalb ihrer bisherigen Erfahrungen.

»Hier bleiben wir nicht länger«, sagte er plötzlich und erhob sich wie unter einer quälenden Anstrengung. Ännchen raffte ihre Sachen zusammen und folgte ihm, seine Bewegungen waren seltsam steif. Sie verließen das Gebäude auf dem gleichen Weg wie bei ihrer Ankunft. Draußen lagen Wiese und Wald still wie an jenem Tag, als sie gekommen waren, um hier Ruhe zu finden. Sie gingen über weiches Moos. Sie sprach ihn nicht an, legte aber zum Zeichen, dass sie an seiner Seite war, eine Hand auf seine Schulter. Sie hörte einen fast unhörbaren Seufzer aus seiner Brust, der sich wie ein unterdrücktes Weinen oder Wimmern anhörte. Für einen Augenblick wandte er sich ab, als wolle er alleine sein. Er drehte ihr den Rücken zu. Einen Meter von ihr entfernt blieb er regungslos stehen. Sie wartete geduldig, bis er sich umwandte und zu sprechen begann.

»Es war alles ganz ruhig da oben. Ich bin durch den Flur gegangen. An der Garderobe hingen Soldatenmäntel, eine ganze Menge. Ich habe in einige Zimmer hineingesehen und die Küche gesucht. Dann öffnete ich die Türe zu einem Saal ... Da war eine Tafel gedeckt, für mindestens zehn oder zwölf Personen. Mit Porzellan und silbernem Geschirr. Alles vom Feinsten. Es standen Blumen auf dem Tisch, einige waren noch so frisch, als hätte jemand sie gerade gepflückt. In den Schüsseln und auf den Platten waren Essensreste. Ein Plattenspieler drehte sich mit leisem Surren, immer weiter, aber die Platte war zu Ende gespielt. Wie unter einem Zwang habe ich auf die schwarze Scheibe gesehen. Ich konnte es nicht lesen, weil ich Angst hatte und alles vor meinen Augen zerrann.«

Er hielt inne und atmete die kühle Waldluft tief ein.

»Und weiter?« Ännchen sah die Anspannung in seinen Augen.

»Drei Stühle waren leer, da saß niemand mehr. Auf den anderen Plätzen saßen deutsche Soldaten. Alles Offiziere, das konnte ich an den Uniformen sehen. An den vielen Abzeichen auf der Brust. Ich dachte zuerst, sie schliefen. Aber sie waren alle tot.«

»Erschossen?« Ännchen starrte ihn an. Er schüttelte den Kopf.

»Nein, nicht erschossen. Sie hatten keine Verwundungen. Einige lagen mit dem Kopf auf dem Tisch, andere nach hinten gebeugt mit offenen Mündern, wieder andere waren gegen ihren Nebenmann gefallen und lehnten sich an, als schliefen sie. Ich glaube, sie haben sich mit Gift selbst umgebracht …«

Ännchen versagten die Kräfte. Wortlos setzten sie sich auf einen umgefallenen Baumstamm und starrten ins Nichts. Das Bild, das ihr vor Augen stand, löste keine Gedanken aus, keine Empörung, nicht einmal so etwas wie Entsetzen. Es war für sie zu unbegreiflich und übermächtig, um überhaupt Empfindungen hervorzurufen. Aber es zerrte an ihrer Seele.

Sergej wollte seit ihrer Übernachtung im herrschaftlichen Totenhaus nicht mehr allein bleiben und auf sie warten. Er bestand darauf, überallhin mitzugehen.

Um zu essen, mussten sie betteln oder stehlen. Die Bilder der toten Männer an der Tafel des Gutshofes und alle Schrecken der vergangenen Tage schienen in ein unsichtbares Verlies gefallen und ausgelöscht zu sein, denn sie lachten wie vorher albern, wenn sie mit wachsamen Blicken auf die Höfe traten. Sie wussten, wie man Hofhunde beruhigt, bis sie sich kraulen ließen, bevor sie anklopften. Es war ihnen gleichgültig, wenn sie nichts bekamen. Sie würden nicht verhungern, hatten sie beschlossen.

Ännchen hatte in einem Geschäft von den Flüchtlingstrecks gehört, überall sähe man jetzt Flüchtlinge, und man könnte die Deutschen aus dem Osten nicht von entlaufenen Fremdarbeitern unterscheiden, weil sie zerlumpt und verdreckt durch die Gegend streichen würden. Und dass Flüchtlinge klauen und betteln. Eine Frau hatte Ännchen wegen ihres lumpigen Mantels misstrauisch angesehen, aber nichts gesagt. Ännchen war ganz ruhig geblieben, hatte ihre Tüte mit Äpfeln genommen und war gegangen.

Bald sahen sie selbst einen ersten Flüchtlingstreck. Ein Zug in langsamer Bewegung, Pferde und Wagen in endloser Reihe, am Horizont zwischen Apfelbäumen und unter einem hohen Himmel. Sie gingen im Schutz des Waldes näher heran, um sie deutlicher zu sehen. Die Wagen zogen magere Pferde, auf den Kutschböcken saßen vermummte schweigende Gestalten.

Ännchen und Sergej gingen einen Tag lang neben den elenden Karren her. Die Kutscher, oft waren es Frauen, schienen sie nicht zu sehen und reagierten erst, wenn man sie anschrie. Es war zwecklos, sie anzubetteln, sie sagten, sie hätten selbst alles verloren. Ännchen und Sergej glaubten es nicht, denn die Wagen waren voll bepackt mit Säcken und Koffern.

Mitfahren ließ man sie nicht.

Sie sahen einen Mann, der allein auf einem halb leeren Wagen saß, und fragten ihn, ob sie für eine Weile aufsteigen dürften. Er sah sie abschätzend an:

»Die Frau kann mit, der Russe nicht.«

Da ergriff Ännchen einen Feldstein, der am Weg lag, und warf mit aller Kraft, die sie noch hatte. Sie traf den Mann nicht, nur mit einem Gepolter das Holz des Kastenwagens. Sie stand zornig aufgerichtet am Wegrand. Der Mann schrie laut, schlug mit der Peitsche nach ihnen, traf aber nicht. Die Pferde bäumten sich auf, wichen aus der Fahrspur und rutschten mit dem Wagen in den Graben. Er stand schräg, als könne er jeden Augenblick umkippen. Der Treck kam zum Stehen, überall hörte man jetzt Geschrei und Rufen. Der Mann sprang herunter, schrie weiter und fuchtelte mit seiner Peitsche. Von anderen Wagen lösten sich vermummte Gestalten und liefen auf sie zu. Sergej griff nach Ännchens Hand und sie rannten, so gut sie konnten, über das Feld und auf den Wald zu. Als Sergej ganz nahe das Schreien der Verfolger hörte, drehte er sich um und gab zwei Schüsse aus seiner Pistole ab. Die Verfolger warfen sich auf den Boden. Ännchen und Sergej erreichten den Wald und verschwanden unter Tannen und Dickicht. Auch dieser Vorfall versank ins Dunkle und bald sprachen sie nicht mehr darüber.

Schweigend Stunde um Stunde zu gehen, sich gegenseitig stützend, kam ihnen jetzt heiter und leicht vor.

Um etwas Warmes zu bekommen, hatten sie eine einfache Lösung gefunden. Sie gingen während der Mittagszeit zu den Bauern, wenn die Familien am Tisch saßen. Dann gab man ihnen oft eine Hand voll warmer gekochter Kartoffeln, damit sie schnell wieder verschwanden. In den Gesichtern der Leute war ein Ausdruck von Angst, Ekel und Mitleid, aber sie kümmerten sich nicht darum.

Sergej hatte rohe Eier aus einem Hühnerstall gestohlen und sie ausgetrunken. Ännchen wollte nichts davon, weil sie sich vor rohen Eiern ekelte, aber er überredete sie dazu. Das gäbe Kraft, sagte er.

Sie warteten nicht mehr auf die Nacht, um weiterzugehen, und versteckten sich nicht mehr in den Wäldern. Sie gingen offen auf den Landstraßen und durch Kleinstädte und Dörfer und immer häufiger neben Trecks von Flüchtlingswagen her, damit man sie für Flüchtlinge hielt. Das war der Rest einer Vorsicht, die sie eigentlich schon längst aufgegeben hatten. Als ein tief fliegendes Flugzeug das Feuer auf die Wagen eröffnete, suchten sie Schutz im Wald und kehrten nicht zurück.

Das Gehen im Wald oder an Feldrändern war mühsam geworden, seit kein Frost mehr den Boden festigte. Ihre Kräfte schwanden. Ännchen musste oft anhalten und sich setzen, weil sie nicht mehr weiterkonnte. Sergej blieb geduldig neben ihr. Wenn ein Lastauto oder ein Bauernwagen vorbeifuhr, verkrochen sie sich nicht mehr hinter Büschen oder verbargen sich hinter Mauern, sondern gingen einfach weiter. Die misstrauischen Blicke störten sie nicht mehr. Sie hatten kichernd beschlossen zu schießen, wenn jemand sie bedrohen sollte, und wussten beide, dass sie es nicht tun würden. Sie dachten nicht darüber nach, ob sie einen moralischen Beweggrund dafür hatten; es war seit jenem Ereignis in der Waldhütte ihrer beider sichere Übereinkunft, an die sie sich halten würden. Es war nicht nötig, darüber zu diskutieren. Trotzdem trug Ännchen das Messer offen in ihrer Manteltasche.

Sie hatten sich von der Menschengemeinschaft so weit entfernt, dass sie manchmal keinen Unterschied zwischen Kindern und Erwachsenen mehr wahrnahmen. In der Abenddämmerung auf einem Dorfplatz hielten sie einen kleinen Jungen an, der eine Kanne voll Milch schleppte. Sie hielten ihm die Pistole vor das Gesicht und füllten in aller Ruhe ihre Flaschen. Dann schickten sie den Jungen weg. Er ging weinend davon und blickte sich voller Angst und Entsetzen um.

Ein Kind mit der Waffe zu bedrohen wäre nicht nötig gewesen, sagten sie sich vorwurfsvoll, als sie am Waldrand die Milch tranken. Aber sie hatten den Unterschied nicht bemerkt und wunderten sich darüber.

Sie wussten nicht, dass ihre Augen jetzt in dunklen Höhlen lagen, und hatten noch nicht wahrgenommen, dass sie nicht mehr lachten. Ihre Kräfte wurden von Tag zu Tag geringer, die Nachtruhe gab ihnen kaum noch neue Energie. Aber das Jucken am Körper hatte aufgehört.

An einer Kartoffelmiete am Waldrand trafen sie auf einen alten Bauern, der sich allein mit Stroh und Rüben beschäftigte. Auf seinem Leiterwagen stand offen ein Korb mit Broten und Milch, alles in saubere Tücher gepackt. Sergej hielt dem Mann die Pistole in den Nacken.

»Wenn du dich rührst oder die Polizei holst, bist du fertig, Mann!«, sagte er und grinste dabei, als meine er es nicht ernst.

»Nehmt alles«, sagte der Mann ruhig. In seinem Gesicht zeigte sich mehr Mitleid als Angst. Ännchen nahm den Inhalt des Korbes an sich, steckte alles in ihre Manteltaschen. Die beiden Pferde vor dem Wagen knabberten an verdorrtem Unkraut und am Tannengestrüpp. Sergej hatte eine Hand auf den Hintern eines Pferdes gelegt, um die Wärme zu spüren. Dann waren sie gegangen.

Sie wussten nicht, dass die Polizei sie überall suchte und von Dorf zu Dorf südlich von Lüneburg Warnungen ausgegeben worden waren. Auf billig gedruckten Steckbriefen waren Zeichnungen ihrer Gesichter abgebildet und ihre Straftaten aufgeführt, aber sie selbst bekamen sie nicht zu Gesicht. Sie suchten schon am frühen Nachmittag nach einer Unterkunft, in Scheunen oder Ställen, denn sie waren nach wenigen Stunden Wanderung erschöpft. In der Nähe von Kühen war es angenehm. Solche Plätze suchten sie jetzt auf, weil sie in den kalten Schuppen an Waldrändern nicht mehr warm wurden. Sie wussten, dass es gefährlich war, denn in der Nähe der Ställe gab es immer Menschen und es war schwierig, unbemerkt hineinzugelangen. Sergej legte die Pistole neben sich, wenn sie sich auf den Heuböden zur Ruhe legten. Die Geräusche von Ketten und das Atmen der Kühe waren angenehm. Sie kratzten sich gegenseitig den Rücken, wenn es schlimm wurde. Eines Tages würden sie gemeinsam an einem Sommertag zum Baden gehen, sagten sie sich.

Sie hielten sich aneinander fest, wenn sie gingen, und verloren das Gefühl für Tag und Nacht. Ännchen lag halb auf Sergejs Schulter und er hielt einen Arm um ihre Hüfte. Einer hörten das heftige Atmen des anderen. Sie schlichen mehr, als dass sie gingen, ganz langsam, und hatten beschlossen sich nicht mehr über die Richtung zu streiten.

Am fünfundfünfzigsten Tag beschlossen sie sich nicht mehr um das Essen zu kümmern. Es kostete sie zu viel Kraft, dachten sie und waren zufrieden mit ihrem Entschluss.

16. Am 12. April traten Ännchen und Sergej, aus einer Gartensiedlung kommend, in der sie übernachtet hatten, auf eine breite Straße südlich von Lüneburg. Unter allem Schmutz und Hautausschlag stand in ihren Gesichtern entrückte Heiterkeit. Sie hatten schon seit Tagen nicht mehr gesprochen, nur noch grunzende Geräusche von sich gegeben, denn ihre Kräfte waren zu Ende. Aber irgendetwas hatte sie immer weiter getrieben. Ohne dass sie darüber sprechen mussten, war eine starke Übereinstimmung zwischen ihnen, die sie auf den Beinen hielt und für ihre mühsamen Wege die Energie gab. Irgendwo mussten sie doch ankommen ...

Sie blieben schwankend und aneinander geklammert am Straßenrand stehen. Auf der gegenüberliegenden Seite standen Lastwagen, mitten auf der Straße ein Panzer. Sie sahen in einem unwirklichen Licht eine Gruppe von Soldaten, die ihre Tätigkeiten unterbrochen hatten und sie anstarrten. Sergej hob eine Hand. Die Männer sahen immer noch gebannt zu ihnen herüber ohne sich zu bewegen, so als müssten sie erst sicher sein, keiner Sinnestäuschung zu erliegen. Es waren keine deutschen Soldaten, das sahen die beiden, und sie hörten eine fremde Sprache. Einer der uniformierten Männer löste sich und kam über die Straße auf sie zu. Das Bild des gehenden Mannes flimmerte vor ihren Augen, als würde der Mann torkeln. Er blieb vor ihnen stehen und hielt Sergej eine glimmende Zigarette hin. Sie sahen beide auf seine Hand und verzogen ihre Gesichter, um auf die Art zu lachen, die sie noch bewältigen konnten. Keiner von ihnen griff zu. Dann rief der Mann etwas in seiner fremden Sprache und zwei Soldaten kamen über die Straße gerannt und nahmen sie in ihre Mitte. Der zuerst auf sie zugetorkelt war, sprach Deutsch, als wäre er ein Deutscher. Aber sie blieben stumm. Die Worte hörten sie von so weit entfernt, als würden sie irgendwo aus dem Himmel dröhnen. Ännchen versuchte angestrengt etwas zu sagen. Ihre Worte waren so verzerrt, dass nur Sergej sie verstand:

»Er spricht ... als würde er ... wie ein fremder ...«

Sie hatte lange gebraucht, um diese Fetzen zu stammeln. Sie brachte den Satz nicht zu Ende und weinte, ohne es selbst zu merken. Im Gesicht des jungen Soldaten, der Deutsch sprach und dessen Soldatenalltag durch das Auftauchen der beiden Jammergestalten jäh unterbrochen worden war, zeichnete sich Entsetzen und ungläubiges Staunen. Ännchen wollte noch etwas sagen, als der Soldat Sergej die Pistole aus der Manteltasche nahm und sie einem der Soldaten übergab, aber es gelang ihr nicht. Ihr Reden und ihr Lachen waren vor den Augen der Welt verborgen. Nur Sergej würde alles hören und verstehen, dachte sie und war zufrieden.

Weil sie nicht mehr gehen konnten, auch nicht zwischen

den starken Schultern der Soldaten, nahmen die Männer ihre leichten Körper auf den Arm und trugen sie zu einem offenen Auto. Sie setzten die beiden Gestalten auf die hinteren Sitze.

»Das ist ja ein Mädchen«, sagte einer der Männer und sie schienen erstaunt zu sein, »wahrscheinlich eine Russin.« Ännchen versuchte den Kopf zu schütteln, aber der Mann nahm es nicht wahr, denn sie bewegte sich ruckartig, wie manche Vögel den Kopf bewegen.

Sie fuhren. Ännchen hatte kein Gefühl dafür, wie lange die Fahrt dauerte. Aber sie wusste, dass sie fuhren. Der Mann hatte das Verdeck zugezogen, es wurde warm im Auto. Sie hielten irgendwann vor einem Gebäude aus roten Backsteinen, und als sie es, von den Fremden gestützt, betraten, sah Ännchen, dass es eine Schule gewesen war. Die Schulbänke waren an einer Wand übereinander gestellt.

Männer und Frauen in Uniform gingen ein und aus. Der Mann, der sie verstehen konnte und ein Arzt zu sein schien, rief etwas laut in die hinteren Räume hinein. Frauen in Uniform kamen und er sprach mit ihnen. Sie brachten die beide Gestalten in die hinteren Räume, legten sie auf Decken und lösten sie vorsichtig aus ihren Kleidern. Als sie die Schuhe abstreifen wollten, gelang es nicht und der Mann schnitt das Leder mit einer Schere vorsichtig auf. Der Mann tupfte die blutigen Füße ab, zwei Frauen in Uniform wuschen beider Körper mit warmem Wasser und einem weichen Lappen, mit großer Vorsicht, wie man alte Gemälde reinigt. Das Wasser hatte einen Geruch, den Ännchen nicht kannte. Die Berührung ihrer Körper mit dem warmen Wasser schmerzte sie, aber sie zeigten es nicht. Der Doktor legte Wolldecken um ihre Körper. Dann ging er hinaus und kam nach einiger Zeit mit Kleidern zurück, sie hörten vor der Türe seine Befehle.

»Es ... sind ... Engländer«, sagte Ännchen leise. Sergej reagierte nicht, aber sie war sicher, dass er sie verstanden hatte.

Sie spürten erst wieder so etwas wie Hunger, als sie warmes Essen vor sich sahen und die ersten Bissen gegessen hatten. Sie waren nur mühsam wieder aufgestanden und hatten an sich herabgesehen. Sie trugen weiche Verbände an den Füßen, als wären es besondere Galoschen, und fremde Kleider und sie wunderten sich, dass es saubere Kleider waren. Sie saßen an einem Tisch in der Schule, sahen sich nicht an, löffelten langsam eine Suppe. Sergej grunzte wie ein Truthahn, aber für Worte fehlte ihm noch die Stimme. Der Mann hatte ihnen gesagt, sie sollten langsam essen, und sie hatten beide albern gelacht und nicht gewusst, warum sie lachten. Nach dem Essen wurden sie müde. Die Frauen brachten sie in einen warmen Raum im hinteren Teil der Schule, wo zwei Pritschen standen. Sie waren mit frischer Bettwäsche bezogen. Ännchen legte sich sofort in ihren Kleidern hin, zog ihre Beine unter ihr Kinn und rührte sich nicht mehr. Ihre Augen waren offen und in irgendeine Ferne gerichtet.

Sergej wankte noch einmal zur Türe und fragte nach zwei Zigaretten. Niemand verstand ihn, aber alle liefen zusammen, als er da schwankend im Türrahmen auftauchte. Bis der Doktor kam, der ihre Sprache verstand.

»Du bist Russe?«, fragte er, während Sergej sich die Zigaretten nahm und eine anzündete.

»Ich bin ein russischer Soldat aus Pskov«, sagte Sergej unter Anstrengung, »von daher … wo in den Kirchen … die vielen Engel sind.« Er sprach, als sei er betrunken und wolle einen mühsamen Scherz machen. Der Arzt sah ihn wachsam an. Sergej zog vorsichtig an seiner Zigarette.

»Und das Mädchen? Sie auch?«

»Das … sieht man doch«, sagte Sergej und das Sprechen wurde ihm schwer, »sie ist … ein Engel aus … von woanders … ich habe es vergessen. Es ist so lange her … dass ich sie gefragt habe.«

Er murmelte vor sich hin und hielt die Zigaretten unbeholfen in einer Hand.

Als er schwankend in ihren Schlafraum kam, um Ännchen eine Zigarette anzuzünden, sah er, dass sie schon eingeschlafen war. Er legte sich neben sie und lag wach. Das Leben kehrt zurück, stellte er erstaunt fest. Und dass sie irgendwann vielleicht aufgehört hatten daran zu glauben. Aber er war sich nicht sicher und grübelte vergeblich darüber nach.

Er richtete sich noch einmal halb auf und betrachtete das Mädchen an seiner Seite. Vorsichtig strich er ihr eine Haarsträhne aus dem Gesicht. Ihr Haar war frisch gewaschen und nicht mehr zu Zöpfen geflochten. Es sah schön aus, fand er.

Morgen schon würde alles anders sein, oder übermorgen. In seinem Innern war ein tiefes, sicheres Vertrauen, dass es so kommen würde.

Sie konnten sich bewegen, essen oder baden, wie sie wollten. Der englische Arzt war meist in ihrer Nähe. Man brachte ihnen passende Kleidung, eigene Seife und eine Tasche für die Sachen, die man ihnen gab. Der Hautausschlag, unter dem beide litten, heilte schnell. Wenn sie nicht gerade schliefen oder ihre wunden Füße behandelt wurden, waren sie ausgelassen wie Kinder in den Ferien. Sie redeten nur von dem, was jetzt passierte, und kein Wort über die letzten zweiundsechzig Tage. Was um sie herum passierte, schien ihnen wie ein seltsames Volksfest. Autos kamen und fuhren ab, geschäftiges Treiben überall, Deutsche in Zivil oder Uniform, die man hereinführte und die wieder gingen oder mit Autos weggebracht wurden. Ab und zu sahen sie Flugzeuge am Himmel.

Ännchen gab man lächelnd, als sie es sich wünschte, ein khakifarbenes Militärhemd, wie sie es bei den Soldaten gesehen hatte. Sie stellte sich vor einen Spiegel und sah sich an. Es passt sehr gut zu der Farbe meiner Haare, stellte sie fest. Das Hemd wölbte sich leicht über ihren Brüsten und fiel über eine lange Hose herab. Sie blieb stehen und lächelte ihrem Spiegelbild zu.

Immer häufiger erschienen jetzt Flugzeuggeschwader, aber niemand schien Angst vor Bomben zu haben. Die Engländer standen ruhig vor der Tür und sahen ihnen nach, die Hand zum Schutz gegen das Licht vor die Augen gelegt.

Sie aßen und schliefen fünf Tage und Nächte lang und erholten sich schnell. Niemand stellte ihnen Fragen oder störte sie. Besucher, die in diese Schule kamen, sahen Ännchen und Sergej an wie Gestalten aus einer anderen Welt. Manchmal kamen fremde Offiziere, nur um sie zu betrachten. Von ihren Unterhaltungen verstanden sie nichts. Wenn sie vor die Türe gingen, taten sie es gemeinsam und hielten sich aneinander fest, wie sie es gewohnt waren, und ihre Schritte waren noch unsicher wie bei manchen Betrunkenen. Aber ihre Kräfte kehrten von Stunde zu Stunde zurück.

Am fünften Tag, während des Essens, fragte der junge englische Doktor, woher sie kämen und wie sie hießen. Er sei Dr. Blackwood, John Blackwood. Sie könnten John zu ihm sagen.

»Wir sind Ännchen und Sergej und haben Räuber und Gendarm gespielt«, sagte Ännchen und beide grinsten.

Ännchen gab sich ernsthaft alle Mühe, dem Mann zu erzählen, was er wissen wollte, aber es gelang ihr nicht recht. Manches war mit Worten noch nicht erreichbar, eine Geschichte aus einem jenseitigen Land.

Sie sprach noch langsam, erzählte von Lüneburg, von der Wilhelm-Raabe-Schule, von ihrem vermissten Bruder, von der Buchhandlung ihres Papas und den gelben Sternen auf den Büchern, von der Reise ihrer Mutter nach Hamburg und dem Unglück. Sie erzählte ausführlich von Bredenbock, von weißen Vögeln in einem Sterbezimmer, von einem Mann, der beide Hände verloren hatte, und von einer russischen Freundin, Anna Chochowa, die man bald befreien müsse.

Der Arzt unterbrach sie nicht, zeigte keine Überraschung, auch wenn ihn einige der Geschichten verwirren mussten, die mit spielerischer Leichtigkeit von diesem jungen Mädchen vorgetragen wurden. Er hörte mit angespannter Konzentration zu, machte sich Notizen und stellte nur selten Fragen.

Ännchen erzählte lebendig, aber kein Wort über die letzten zweiundsechzig Tage. Ihre Geschichte endete mit dem Aufbruch aus Bredenbock.

»Warum bist du mit dem Russen gegangen?«, fragte der Arzt und sah sie verstohlen an. Ännchen zuckte die Schultern, aber antwortete nicht.

Sergej redete mit der naiven Freude eines Jungen, der endlich zu Wort kommen kann. Er sprudelte geradezu über von Geschichten seit seiner Abreise aus Pskov, seiner Soldatenzeit und der Gefangenschaft. Er berichtete jede Einzelheit aus Bredenbock, die Dr. Blackwood wissen wollte, und dass sie gemeinsam geflohen seien. Mehr nicht. Alles, was er sagte, war sehr wirklich und nicht, wie bei Ännchen, gemischt mit rätselhaften Bildern von gelben Sternen und weißen Vögeln, die dem Engländer vermutlich Rätsel aufgaben.

Sie machten sich keine Gedanken darüber, dass dieser Arzt, der da so nachdenklich und geduldig vor ihnen saß, von ihren Geschichten unbefriedigt oder verwirrt sein könnte. Blackwood stellte kaum Fragen. Er hielt, während sie sprachen, einmal ein Blatt Papier in der Hand, ohne es ihnen offen zu zeigen. Er hielt es aber so, dass sie es sehen konnten. Ännchen las ohne großes Interesse die Überschrift in großen Buchstaben: GESUCHT!, darunter waren zwei Gesichter gezeichnet. Sie konnte nichts damit anfangen und der Arzt kam nicht darauf zu sprechen.

Als Ännchen nach der sechsten Nacht erwachte, war das Lager neben ihr leer. Sergej war nicht da. Sie zog sich an, ging vor die Türe und stand in Morgenkühle und einer strahlenden Frühlingssonne unter blauem Himmel. Sie fragte nach dem jungen Doktor, aber niemand verstand sie. Sie versuchte sich an englische Wörter zu erinnern, die sie in der Schule gelernt hatte, aber es gelang nicht.

Sie aß etwas, zog bequeme Schuhe über ihre Verbände und ging einmal langsam durch die Kleinstadt. Sie sah, dass die ersten Sträucher ausschlugen und Blumen zwischen verfaultem Laub blühten. Auf der Straße traf sie wenige Menschen. Manchmal sah sie ängstliche Gesichter hinter Gardinen, so als misstrauten sie dem Frieden auf der Straße. Oder hätten Angst vor den Besatzungstruppen.

Sie kehrte zurück und legte sich auf ihr Lager, um auf den jungen Doktor und Sergej zu warten.

Am Nachmittag kam Dr. Blackwood und sie fragte ihn nach dem Russen. Er setzte sich auf einen Schemel und sah vor sich hin.

»Sergej ist abgefahren«, sagte er leise, »zu einem Lager der russischen Armee. Auf der anderen Seite der Elbe.« Er sah sie forschend an, aber sie zeigte keine besondere Regung.

»Hat er noch etwas gesagt?«, fragte sie und ihre Stimme klang nicht anders, als hätte sie etwas Nebensächliches wissen wollen.

»Er hat nur geweint«, sagte der Arzt, »gesagt hat er nichts mehr. Nur geweint hat er und zurückgesehen, bis das Auto hinter den Häusern dahinten verschwunden war.«

Beide schwiegen sie.

»So ist er, dieser Russe«, sagte Ännchen schließlich und sah Dr. Blackwood mit einem Blick an, den er nicht deuten konnte. War ihr die Abreise des Russen gleichgültig? Das hätte seine mühsam aufgebaute Theorie über dieses seltsame Paar und ihre Winterreise durcheinander geworfen. Er war verlegen, stand schließlich auf, nahm ihre Hand und zog sie von ihrem Sitz hoch.

»Komm, wir gehen auch«, sagte er, »ich bringe dich nach Lüneburg.«

Als sie ihn verständnislos, aber leicht misstrauisch ansah, fuhr er behutsam fort:

»Wir liefern dich nicht der Polizei aus. Keine Sorge ... Das regeln wir irgendwie mit dem neuen deutschen Polizeichef von Lüneburg. – Vielleicht finden wir ja deinen Bruder. Ich bin fast sicher, wir finden ihn. Über deinen Vater weißt du auch nichts Genaues, oder deine Mutter. Und nach dem alten Fachwerkhaus, von dem du mir erzählt hast, wollen wir doch auch sehen. Und nach der Buchhandlung. Oder?«

Als sie immer noch schwieg und er nichts von ihren Gedanken oder Gefühlen in ihrem Blick erkennen konnte, fuhr er fort:

»Nach schmerzlichen Zeiten muss man die Dinge wieder ordnen. Jeder muss das, ich auch. Jetzt hast du Zeit dazu. Ich helfe dir, wenn du es willst und wenn ich es kann. Denn Lüneburg ist schon befreit.«

Ännchen nickte. Es war, als erwache sie.

»Was heißt: befreit?«, fragte sie.

»Dass wir die Nazis zum Teufel gejagt haben«, sagte er ernst. »Vielleicht hast du eines Tages Lust, etwas mehr zu erzählen. Was meinst du? Aber das liegt ganz allein bei dir.«

Ännchen zögerte mit einer Antwort.

»Ja, ich fahre mit nach Lüneburg«, sagte sie, ohne auf seine vorsichtige Aufforderung einzugehen. Ihr war plötzlich klar, dass die Heimkehr das Ende dieser Winterreise sein würde – und irgendetwas schmerzte sie. Sie nahm sich zusammen. Sie würde diese Traurigkeit beherrschen, nahm sie sich vor. Mit Sergej an der Seite wäre es einfacher, aber es ging ja nicht anders.

Sie blickte aus dem Fenster, wo ein kleiner Junge mit einer Milchkanne vorbeiging und sie von ihren Überlegungen ablenkte. Sie trat in Erinnerung an ein anderes Kind mit einer Milchkanne näher ans Fenster, formte ihre rechte Hand zu einer Pistole und richtete lächelnd den Zeigefinger auf das Kind. »Paff«, sagte sie leise. Blackwood sah nur ihr befreites Lächeln, das ihr Gesicht erhellte.

Die Straßen waren verstopft von Menschen, beladenen Kinderwagen, Flüchtlingsgespannen, Kühen, die man an Stricken hinter sich herzog, Menschengruppen, die herumstanden und heimlichen Handel zu treiben schienen. Dazwischen donnerten Panzerwagen mit britischen Soldaten, deutsche Polizisten versuchten irgendeine Art von Ordnung zu schaffen. Ein ungeordnetes Straßenbild wie dieses und solche Menschenmengen hatte Ännchen in Lüneburg noch nie gesehen. Sie war überrascht, dass die Stadt kaum zerbombt war. Sie sah ein paar Ruinen in Bahnhofsnähe und das zertrümmerte Museum. Vielleicht stand ja auch ihr Haus noch.

Dr. Blackwoods Wagen bahnte sich mühsam den Weg durch die Bäckerstraße. Als sie auf den Marktplatz einbogen und das prächtige Rathaus vor ihnen lag, bat Ännchen den Arzt anzuhalten. Sie würde hier aussteigen, wolle zuerst einen Lehrer in der Rothehahnstraße besuchen und dann weitersehen.

Sie registrierte Enttäuschung im Gesicht des Engländers und konnte es sich nicht erklären. Sie gab ihm, noch neben ihm sitzend, die Hand.

»Sie haben uns geholfen, als wir Hilfe ganz gut gebrauchen konnten. Wir waren ein bisschen müde, das haben Sie ja gesehen, oder?« Sie lächelte. »Wird die Polizei mich schnappen?«, fragte sie. »Vielleicht lande ich im Kittchen, wenn Sie nicht mehr da sind? Ich habe schließlich einiges auf dem Kerbholz.«

Sie sah ihn mit einem so vertrauensvollen, ja komplizenhaften Lächeln an, dass er heftig errötete. Sie schien keine Antwort zu erwarten, griff ihre Tasche und stieg aus.

»Ich weiß ja! Ich tu alles, was ich kann«, rief er hinter ihr her, als sie schon fast im Menschengewühle untergetaucht war. Sie winkte mit einer Hand zum Zeichen, dass sie ihn verstanden hatte, ohne sich noch einmal umzusehen.

Nur ihre Füße schmerzten noch ein wenig, aber sie trug bequeme Schuhe. Sie blieb nach wenigen Schritten vor einem leeren Schaufenster stehen; nur ein vertrockneter Blumentopf stand vergessen in einer Ecke. Warum hatte sie diesen Engländer so kurz abgefertigt? Nun, er würde Papas Haus oder seine Buchhandlung finden, wenn er wollte. Trotzdem fühlte sie ein Bedauern und hatte ein schlechtes Gewissen.

Ihr Weg war nur kurz und nach wenigen Minuten läutete sie an der Tür zum Haus von Dr. Langenbruch. Vielleicht könnte er ihr helfen Auskunft über ihren Vater und ihren Bruder zu bekommen. Er war selbst an der Tür.

»Was wünschen Sie?«, fragte er in einem Ton von Misstrauen und Höflichkeit. An seiner eleganten Strickjacke trug er kein Parteiabzeichen mehr, es fiel ihr auf.

Als Ännchen ihren Namen nannte, sagte er:

»Du bist aber groß geworden. Wie geht es deinem Vater?« Als sie ihn verständnislos ansah, schlug er sich mit der Hand vor die Stirn.

»Mein Gott, natürlich ... Du warst noch nicht zu Hause und bist ahnungslos. Dein Vater ist vor zwei oder drei Tagen aus dem Lager zurückgekehrt. Gott sei Dank.«

Sie drückte auf den Klingelknopf. An der Türe hielten sich noch die letzten Reste einer blauen Farbe. Sie lauschte ins Innere des Hauses und hörte Schritte. Es waren keine gleichmäßigen Schritte jenseits der Türe und einen Augenblick später lag ihr Kopf an der breiten Schulter von Roland Schwalbe. Er hielt sie in seinen Armen, als wolle er sie nicht mehr loslassen. An seinem Kopf vorbei sah Ännchen auf das finstere Bild von Martin Luther an der Wand des Flures, sie lächelte in der Erinnerung an das Pfarrhaus in einem unbekannten Ort. Während ihr Vater um Fassung kämpfte, streichelte sie seine struppigen Haare. Sie gab ihm einen leichten Kuss auf den Kopf, wie sie es früher getan hatte.

Auf dem Weg in die Küche sagte er, sie sei groß geworden, aber mager wie ihre Mutter. Ännchen sah sich um wie in einer fremden Wohnung und setzte sich vorsichtig auf einen Stuhl. Auf der Anrichte des Küchenschrankes saß ihre Puppe, wo sie nicht hingehörte. Auf dem Tisch lagen Briefumschläge verstreut, eine ganze Menge. Sie blickte verwundert auf diese ungewöhnliche Ansammlung.

»Wer hat die geschrieben?«, fragte sie.

»Es sind meine Briefe aus dem Lager. Einmal im Monat durfte ich schreiben. An euch, an deine Mutter. Und zwei sind von Christian aus der Gefangenschaft in Russland. Der Briefträger hat sie alle unter die Türe geschoben, aber niemand war da, sie zu lesen … Unser alter Briefträger hätte das anders gemacht.«

»Du hast diese ganzen Monate nicht gewusst, was passiert ist?«, fragte sie.

»Doch, doch. Als meine liebe Else nicht antwortete, habe ich einen Brief an Dr. Langenbruch herausgeschmuggelt. Er ließ mir ins Lager eine Nachricht zukommen, über irgendwelche Mittelsmänner, denn es war ja verboten mir zu schreiben. Das war aber erst vor fünf Monaten. So wusste ich wenigstens so ungefähr Bescheid.«

Er blickte aus dem Fenster, um Fassung bemüht. Dann fuhr er mit einer Stimme fort, die noch von seinen Gefühlen unsicher war.

»Wo kommst du jetzt her, mein Ännchen?«, fragte er.

»Ich bin zu Fuß aus Bredenbock gekommen«, sagte sie leichthin.

»Bredenbock, das wusste ich. Mit einem Brief von dir habe ich nicht gerechnet. Ich bin trotzdem vorgestern zum Roten Kreuz gegangen, um nach dir zu fragen. Man bestätigte mir, dass du in diesem Dorf bei Bauersleuten gelebt hast, aber entführt worden oder geflohen bist. Niemand wusste etwas Genaues oder wollte mir etwas Genaueres sagen. So sind sie immer noch … Ich war natürlich in großer Sorge. Da habe ich mich entschlossen morgen nach Bredenbock zu fahren, notfalls mit dem Fahrrad, um nach dir zu forschen. Als du vorhin gekommen bist, war ich gerade dabei, den Ort auf einer Karte zu suchen. Ich habe ihn noch nicht gefunden.«

»Nach Bredenbock fahren wir ganz sicher bald, du und ich. Jetzt bin ich hier«, sagte sie. »Und Mama? Sie ist nach Hamburg gefahren …«

Er saß jetzt auch am Tisch, seine großen Hände spielten gedankenverloren mit den Briefen. Ännchen betrachtete ihn. Seine Gesichtszüge waren schärfer ausgeprägt, denn er war magerer als früher, aber er schien gesund zu sein. Seine Haare waren ein bisschen grauer geworden. Es gab viel, was sie von ihm wissen wollte. Er würde sie nicht lange mit seiner Geschichte warten lassen, dafür würde sie sorgen.

»Einiges wusste ich von Langenbruch. Genauer habe ich es vom Roten Kreuz erfahren. Else ist nach Hamburg gereist, um mich zu suchen. Nach ihrer Ankunft hat sie alle möglichen Dienststellen der Polizei aufgesucht und man hat ihr gesagt, sie solle später wieder kommen, man würde sehen, was man für sie tun könne. Am zweiten Tag ist sie beim Bombenalarm mit ihrer Freundin, wo sie untergekommen war, in den Bunker gegangen, aber wie so viele bei diesem Angriff ums Leben gekommen … Ich habe das Liebste verloren …« Er konnte einen Augenblick lang nicht weitersprechen. »Aber ich habe dich, mein mageres Ännchen!«

Er strich ihr mit einem schmerzlichen Lächeln über die Haare, die nicht mehr zu Zöpfen geflochten waren und frei herabhingen.

»Ich bleib jetzt hier …«, sagte sie unbestimmt und sah ohne besonderen Grund zu ihrer Puppe. Sie hat einen roten Fleck im Gesicht. Als habe sie jemand geküsst, dachte sie verwundert. Wer könnte meine Puppe geküsst haben? Daneben bemerkte sie auf der Anrichte eine halb volle Flasche Weinbrand. Sie war versucht Gläser aus dem Schrank zu nehmen. Nein, dachte sie und hielt einen Augenblick lang inne. Sie stand auf, öffnete mit dem Rücken zu ihrem Vater für einen Augenblick die Flasche. Der Geruch zauberte ihr sofort das Bild Sergejs in seinen zerlumpten Kleidern herbei, den Morgen, als sie in der Hütte auf Säcken zusammen getrunken und geraucht hatten. Ihr Vater sollte jetzt ihre Augen nicht sehen, deshalb blieb sie am Schrank stehen.

Ich habe ihn gar nicht verloren, dachte sie und atmete tief ein, erregt von einem plötzlichen Glücksgefühl. Ich werde ihn immer finden, solange ich lebe. Mit Anna Chochowa ist es ebenso, ganz gleich wo sie eines Tages leben wird. Weil beide mit mir zur gleichen Zeit auf der Erde zu Hause sind.

Dieser einfache Gedanke von etwas Unverlierbarem, das stärker war als jeder Krieg, machte sie sicher, dass das Leben gut sein würde.

Sie stellte vorsichtig die Flasche zurück und setzte sich zu ihrem Vater, der ihr mit Unverständnis im Blick entgegensah.

»Frag jetzt nichts, Herr General Bücherkopf«, sagte sie und legte ihm lächelnd beide Arme um den Hals.

Anmerkungen

Ein Teil der Handlung des Buches spielt im Ort Bredenbock (Göhrde), wo die Russin Anna Chochowa (heute Anna Lygutsch) von 1942 bis 1945 als »Fremdarbeiterin« lebte. Der Autor dankt ihr für die Erlaubnis, die Geschichte ihrer Verschleppung, ihrer Zeit in Deutschland und ihren Namen zu verwenden. Sie lebt heute mit ihren Kindern und Enkeln in Gomel (Weißrussland). Anna kehrte im August 1945 nach Russland zurück, ihre Mutter hat sie am Hafen von Lojew abgeholt. Ihr Bruder, Wassili Chochow, kam wenige Monate später aus Deutschland zurück, er lebt heute in Segescha in Karelien. Ihre Mutter Maria Sergewna starb im Alter von 93 Jahren. Ihr Vater Piemen Demidowitsch Chochow wurde im Oktober 1937 vom KGB (dem sowjetischen Geheimdienst) erschossen. Davon erfuhr Anna erst 1960, als ihr Vater rehabilitiert wurde.

Die noch heute bestehende Schule Marienau wurde 1929 von den Reformpädagogen Dr. Max Bondy (1892–1951) und Gertrud Bondy (geb. Wiener, 1889–1977) gegründet. Sie emigrierten 1936/37 zunächst in die Schweiz, dann in die USA, wo sie ihre pädagogische Arbeit fortsetzten.

Die Geschichten und Ereignissse in Kapitel 8 erzählte man in anderen Orten des Wendlandes. Frühere oder heutige Bewohner von Bredenbock haben damit nichts zu tun. Alle anderen Personen sind frei erfunden.

Der Autor dankt Ilse Meyer-Tölle, Lüneburg, Professor Dr. Jürgen Reulecke, Essen, und der Geschichtswerkstatt Lüneburg für wichtige Informationen.

Hermann Schulz
Auf dem Strom
Roman. 123 Seiten. Serie Piper

Tansania im Osten Afrikas zur Zeit der englischen Kolonialherren: Die Frau des deutschen Missionars Friedrich Ganse stirbt an einem tropischen Fieber, seine Tochter Gertrud ringt mit dem Tod. Fünf Tage rudert Ganse, erschöpft und verängstigt, mit dem kleinen Mädchen auf einem gefährlichen Strom bis zum nächsten Hospital. Nur dort könne man sie retten, haben die Leute im Dorf gesagt – und er soll immer mit ihr reden! Widerstrebend folgt er diesem Rat, und tatsächlich kann er so sein Kind aus dem Koma holen. Er erzählt ihr während der ganzen Reise von seiner eigenen Kindheit, seinem Vater, seinen Wünschen, seinen Träumen. Fünf Tage, die Vater und Tochter einander so nahe bringen wie nie zuvor. Eine einzigartige Geschichte auch über das sinnliche, spirituelle Afrika.

05/1112/01/L

Hermann Schulz
Iskender
Roman. 231 Seiten. Serie Piper

In einem kleinen Dorf in der Nähe von Antalya taucht ein kleiner Junge auf. Iskender soll man ihn nennen, und daß er ihr Enkel sei, erfahren der Schafzüchter Karpat und seine Frau von ihrem Sohn, der das Kind in ihre Obhut gibt. Iskender ist ein verschlossenes und scheues Kind, doch die unendliche Geduld und Zuneigung der beiden Alten hilft ihm, sich einzuleben. Das Glück selbst scheint in das Haus der Karpats eingezogen zu sein, bis sie ein Brief der deutschen Botschaft erreicht …

»Mit so viel Herzenswärme und, besonders bei den bewunderungswürdigen starken Frauen in der Geschichte, mit so viel Herzensklugheit läßt sich wohl ein Stück richtiges Leben erreichen.«
Frankfurter Allgemeine Zeitung

05/1776/01/R

SERIE PIPER

Sándor Márai

Wandlungen einer Ehe

Roman. Aus dem Ungarischen von Christina Viragh. 461 Seiten. Serie Piper

Lüge und Leidenschaft, Sehnsucht und Vergänglichkeit – das neue Meisterwerk von Sándor Márai: ein Herr, eine Dame, ein Dienstmädchen. Das ist das Personal dieses großen Romans um Liebe und Betrug, um wahre und ersehnte Gefühle, um Aufrichtigkeit und Befangenheit in gesellschaftlicher Konvention. Zugleich ist es ein Abgesang auf die großbürgerliche mitteleuropäische Welt.

»Hier beschreibt Meistererzähler Sándor Márai sehr weise, wie schwer die Liebe lasten kann – ein Sittenbild der Gesellschaft zwischen den Kriegen, wie es sensibler selten zu finden ist.«
Stern

05/1657/01/L

Sándor Márai

Die Gräfin von Parma

Roman. Aus dem Ungarischen von Renée von Stipsicz-Gariboldi, überarbeitet von Hanna Siehr. 241 Seiten. Serie Piper

Den Verliesen Venedigs entflohen, bezieht der vornehme Fremde Quartier in Bozen. Als er erfährt, daß auch der Graf von Parma mit seiner bezaubernden Frau in der Nähe weilt, ist es um seine Ruhe geschehen. Denn Francesca ist die einzige Frau, die ihn je wirklich berührt hat. Einer der berühmtesten Romane Sándor Márais erzählt von der Liebe und deren Vergänglichkeit – und von der Utopie eines dauerhaften Lebensglücks.

»Noch einmal betritt der ungarische Starautor Sándor Márai die Literaturbühne, und bei sich hat er den ewigen Liebhaber Casanova. Eine beinahe unwiderstehliche Kombination!«
Cosmopolitan

05/1658/01/R

Max Aub

Die Stunde des Verrats

Das magische Labyrinth IV. Roman. Aus dem Spanischen von Albrecht Buschmann und Stefanie Gerhold. Herausgegeben und kommentiert von Mercedes Figueras. 367 Seiten. Serie Piper

Im März 1939 gerät in Madrid die Welt aus den Fugen: Das Chaos in der Stadt ist unvorstellbar. Fast jeder wird zum Schuldigen oder zum Verräter, die Republikaner zerfleischen sich gegenseitig – keiner kann dem anderen mehr vertrauen. Trauer, Schrecken, Grausamkeiten, Liebe: Max Aub setzt die dramatische Lage eindringlich in Szene – ein authentisches Panorama der letzten Tage des republikanischen Madrid.

»Der Ruhm dieses Findlings der Weltliteratur hat sich bislang lautlos verbreitet – die deutsche Ausgabe wird dazu beitragen, daß er weiter wächst.»
Der Spiegel

05/1543/01/L

Antonio Skármeta

Das Mädchen mit der Posaune

Roman. Aus dem chilenischen Spanisch von Willi Zurbrüggen. 335 Seiten. Serie Piper

Auf der Flucht vor den Nazis landet die kleine Magdalena 1944 in Begleitung eines Posaunisten in der chilenischen Stadt Antofagasta. Hier wird sie liebevoll aufgenommen von Stefano Coppeta, dem Besitzer eines kleinen Gemischtwarenladens. Sie wächst zu einer schönen, aufgeweckten jungen Frau heran, voller Träume und Phantasie. Und ihr größter Traum, der heißt: Amerika. Dort will sie hin, nach New York, wo die Menschen ihr Glück finden …

»Eine anrührende und politische Geschichte, aus der eine tiefe Liebe zu Chile, seinen Menschen und seiner volkstümlichen Musik spricht.«
Süddeutsche Zeitung

05/1484/01/R

Maarten ’t Hart

Gott fährt Fahrrad

oder Die wunderliche Welt meines Vaters. Aus dem Niederländischen von Marianne Holberg. 314 Seiten. Serie Piper

Maarten ’t Hart zeichnet voller Liebe das Porträt seines Vaters, eines wortkargen Mannes, der als Totengräber auf dem Friedhof seine Lebensaufgabe gefunden hat. Er ist ebenso fromm wie kauzig, ebenso bibelfest wie schlitzohrig. Die Allgegenwart des Todes prägte die Kindheit des Erzählers. Und so ist dieses heiter-melancholische Erinnerungsbuch ein befreiender und zugleich trauriger Versuch, einigen Wahrheiten auf den Grund zu kommen.

»Der Niederländer Maarten ’t Hart ist ein phantastischer Erzähler. Was hat er uns nicht für Bücher geschenkt!«
(Deutsches Allgemeines Sonntagsblatt)

05/1436/01/L

Maarten ’t Hart

Das Wüten der ganzen Welt

Roman. Aus dem Niederländischen von Marianne Holberg. 411 Seiten. Serie Piper

Alexander, Sohn des Lumpenhändlers im Hoofd und zwölf Jahre alt, lebt in der spießigen Enge der holländischen Provinz, in einer Welt voller Mißtrauen und strenger Rituale. Da wird der Junge Zeuge eines Mordes: Es ist ein naßkalter Dezembertag im Jahr 1956, Alexander spielt in der Scheune auf einem alten Klavier. In seiner unmittelbaren Nähe fällt ein Schuß, der Ortspolizist bricht leblos zusammen, Alexander aber hat den Schützen nicht erkennen können. Damit beginnt ein Trauma, das sein ganzes Leben bestimmen wird: Seine Jugend wird überschattet von der Angst, als Zeuge erschossen zu werden. In jahrzehntelanger Suche nach Motiven und Beweisen kommt er schließlich einem Drama von Schuld und Verrat auf die Spur.

05/1048/01/R

Leonie Ossowski

Der Löwe im Zinnparadies

Eine Wiederbegegnung. 103 Seiten. Serie Piper

Maria besucht nach vierzig Jahren zum ersten Mal das Schloß ihrer Kindheit in dem kleinen, ehemals deutschen Dorf in Polen. Der kleine Janusz schenkt Maria den kostbarsten Schatz aus ihrer eigenen Kindheit: den Löwen aus dem Zinnparadies, einer Zinnfigurensammlung, die sie, als die Familie fliehen mußte, im Dachboden versteckte. Als sie fünfzehn Jahre später noch einmal zu dem Schloß reist, begegnet sie nicht nur den vertrauten Menschen von damals, sondern auch Janusz' kleiner Tochter, die die restlichen Figuren des Zinnparadieses wie einen Schatz hütet. Eine liebenswürdige Geschichte über die Versöhnung mit der eigenen Vergangenheit.

05/1512/01/L

Krystyna Kuhn

Die vierte Tochter

Kriminalroman. 283 Seiten. Serie Piper

Verlieben will Franka sich so schnell nicht wieder, das steht nach der Pleite mit Magnus fest. Ihr Job als Grabforscherin ist schließlich aufregend genug: Sie kann in den Knochen lesen wie in einem Buch, sie kann Alter, Abstammung, Ernährung und Todesursache erkennen. Doch dann liegt plötzlich keine anonyme Leiche vor ihr, sondern eine schlanke Frau mit hüftlangem Haar – und ausgerechnet Franka hat sie als letzte lebend gesehen. Die Fremde bestand darauf, eine Urenkelin der Kaiserin Sisi zu sein … Mit Tempo, Spannung und doppelbödigem Humor zieht Krystyna Kuhn den Leser in den Bann ihres neuen Romans.

»Krystyna Kuhn schreibt mit Witz, Charme und Leichtigkeit. Ihr Krimi bringt nicht nur das Zwerchfell, sondern auch die Gehirnzellen in Schwung.«
Marie Claire

05/1683/01/R